B^{on} DE MARICOURT

Casquettes blanches

et Croix rouge

SOUVENIRS DE 1870

COULMIERS
FAVEROLLE
LOIGNY

L'AMBULANCE

PARIS

LIBRAIRIE DE FIRMIN-DIDOT ET Cie

56, RUE JACOB, 56

Casquettes blanches

et

Croix rouge

TYPOGRAPHIE FIRMIN-DIDOT ET Cie. — MESNIL (EURE)

B^on DE MARICOURT

Casquettes blanches

et Croix rouge

SOUVENIRS DE 1870

COULMIERS
FAVEROLLE
LOIGNY

L'AMBULANCE

PARIS

LIBRAIRIE DE FIRMIN-DIDOT ET Cie

56, RUE JACOB, 56

AUX ANCIENS MOBILES

DE LA

8ᵉ COMPAGNIE DU 2ᵉ BATAILLON DE LOIR-ET-CHER

OUVRIERS DE LA MAIN OU DE LA PENSÉE,
CULTIVATEURS DU SOL,
SERVITEURS UTILES ET GLORIEUX
DÉFENSEURS DE LA PATRIE,

*Ce récit est dédié par leur vieux capitaine
et constant ami.*

Bᵒⁿ DE *MARICOURT.*

La Thierraye, le 30 juin 1892.

CASQUETTES BLANCHES

ET

CROIX ROUGE

« Il en reste donc encore, de ces
« casquettes blanches ! »
(Amiral JAURÉGUIBERRY, 4 X^{bre} 1870.)

Le 16 juillet 1870, nous baptisions ma fille à Saint-Avit. C'était une joyeuse journée; la gaieté était partout, dans l'air, dans notre maison pleine d'autant de parents qu'elle en pouvait contenir, au village où hurlaient les gamins se ruant sur les dragées devant l'église, dans tout notre beau pays du Perche, dont le magnifique été de 1870 avait développé toutes les splendeurs.

Pendant les mauvais jours de l'hiver suivant, j'ai bien souvent revu cette matinée ensoleillée, et le retour en plusieurs voitures se sui-

vant entre les haies fleuries et sous les bois
ombreux, au son des carillons frénétiques de
notre petite cloche criant sous les coups du
sacristain tout ému d'un si beau baptême.

En rentrant, mon oncle ouvrit le journal,
bien négligé depuis quelques jours, et au
milieu de la bruyante gaieté de ces choses qui
font rire, parce qu'elles ne signifient rien, il
nous annonça que la guerre était déclarée.

La joyeuse journée de baptême s'acheva dans
les préparatifs de départ précipité de tous nos
hôtes.

Quatre ans auparavant, ma femme avait fait
de ma démission de sous-lieutenant la con-
dition formelle de notre mariage, tant elle
craignait de me voir faire campagne. Dès le
lendemain de la déclaration de guerre, ne par-
tageant en rien les illusions de ceux qui pré-
voyaient une simple promenade militaire à
Berlin, je lui parlai de devoir et d'honneur; elle
me répondit simplement qu'elle avait prévu
mon désir, et je partis pour Paris.

C'était trop tôt. Au ministère de la guerre, où
j'étais recommandé, je réclamai mon ancien
grade; on m'opposa les règlements. Je demandai à partir comme simple soldat à l'armée

du Rhin ; les vieux règlements s'y opposaient encore, car j'étais marié.

Je revins chez moi désespéré : j'avais vingt-sept ans et mes illusions étaient encore plus jeunes.

Dans la chaude effervescence de ces journées de juillet, tous mes instincts de vieille race militaire, tous mes fous rêves de Saint-Cyr et mes ambitions ensevelies sous le calme de la vie rurale s'éveillaient tumultueusement à la fois, et, rentré dans le silence de nos bois, loin de toutes les voix de la patrie qui sonnaient la charge à laquelle, seul de mes camarades, je ne pourrais prendre part, je tombai malade.

C'est à ce moment que je reçus de mon frère Géorge une lettre que j'ai gardée, comme vraiment prophétique. Surpris par la déclaration de guerre aux eaux de Kissingen, en Bavière, il avait dû traverser toute l'Allemagne pour rentrer par la Suisse. Il avait vu les énormes trains se suivant sans interruption pour transporter régulièrement et sans bruit, vers le Rhin, les troupes allemandes, calmes et confiantes. Il avait causé avec des généraux ; six cent mille hommes étaient déjà sur la frontière ennemie, et nous n'avions pas même encore organisé la mobile! Mon frère me prédisait formellement la défaite, et ajoutait : Nous sommes en grand péril, serions-nous dignes de nos pères, en restant simples spectateurs de la lutte? Cette lettre me revint nettement à la mémoire quelques mois après, lorsque je fis prisonniers, bien près de chez moi, hélas! trois officiers bavarois précisément de Kissingen. Tous mes frères et moi étions alors sous les armes.

Le jour même où je sortis de ma chambre, un stupide accident m'y fit rentrer, l'orteil du pied cruellement brûlé. Je pouvais à peine faire quelques pas avec une canne lorsque je reçus ma nomination de capitaine aux mobiles de Loir-et-Cher, et l'ordre de me trouver dès le lendemain matin à Vendôme.

Je partis donc vers le coucher du soleil, avec ma pauvre Jeannette, une excellente petite jument percheronne que je regrettais bien d'être obligé de vendre quelques jours après, la maison devant rester vide.

Ma femme et ma petite fille m'accompagnèrent jusqu'à l'avenue.

De l'extrémité du bois, où la route se détourne un peu, je les vis arrêtées au pied d'une grosse aubépine ; rapide vision qui devait me suivre dans le mystérieux inconnu de la guerre.

La première réunion de nos moblots n'eut rien d'encourageant.

Dans la vaste cour du quartier de Vendôme, récemment évacué par le 10e cuirassiers, hurlait, chantait, se démenait une masse turbulente de quinze cents jeunes gens, espérant dominer, à force de tapage, d'indiscipline et d'alcool, l'ennui de se trouver là. C'étaient les quatre compagnies de gauche du 2e bataillon des mobiles de Loir-et-Cher, contingent de l'arrondissement de Vendôme.

Au centre, un petit groupe plus calme et fort peu respecté, le corps d'officiers, recruté en très grande majorité parmi les propriétaires des environs. De sous-officiers et caporaux, pas trace, pas plus que de tenue, de prestige, de force quelconque.

Et maintenant, Messieurs, débrouillez-vous ; dans deux mois, vous serez face à l'ennemi !

Lorsque nous nous fûmes présentés les uns aux autres, le commandant, M. de Montlaur, ancien capitaine de cavalerie, nous demanda de faire mettre en rangs nos compagnies pour confectionner les listes d'appel, et distribuer la solde journalière et les billets de logement.

Ma compagnie était la 8ᵉ, formée par les contingents des cantons de Vendôme et de Selommes.

Je me vois encore parcourant la cohue, clopin-clopant sur mon pied brûlé, criant à tue-tête pour appeler autour de moi les hommes de ces deux cantons. M. Gendron, mon lieutenant, et M. Besnard, mon sous-lieutenant, joignent leurs voix à la mienne; j'ignore si le canon dominerait le tapage, mais je sais que nos appels n'y parviennent pas. Nous saisissons les hommes par le bras, leur demandant leur origine; ils se dégagent avec insolence et nous rient au nez. Quand, au prix d'efforts inouïs, en ayant reconnu et rassemblé dix, nous en amenons un onzième, les premiers ont disparu. Ce jeu durerait peut-être encore sans une inspiration de génie du commandant. Le gros sac de pièces de cinquante centimes, apporté pour la solde par M. de Morgan, officier payeur, agité aux yeux de nos guerriers turbulents, les amène tous dans le grand manège : une fois la porte de la souricière fermée, ils n'en peuvent sortir qu'un à un, en nous donnant leur nom et leur lieu d'origine; les capitaines en prennent note au passage et leur rendent, avec la liberté jusqu'au lendemain, leur numéro de compagnie, un billet de logement et leurs vingt sous de solde.

Ces compagnies étaient alors énormes; la mienne avait plus de quatre cent cinquante hommes! Pour arriver à nous reconnaître un peu dans ces cohues désordonnées, nous dûmes, tout d'abord, les fractionner en escouades provisoires, confiées à des gradés également provisoires, dont le choix ne pouvait être déterminé que par une physionomie plus intelligente ou une allure plus disciplinée que celles de la masse. Nous eûmes, en général, la chance de ne pas trop nous tromper, et ce fut la pépinière des gradés définitifs, nommés quelques jours après.

Les effectifs exagérés furent bientôt réduits par le conseil de revision, par les engagements volontaires dans l'armée active, par le renvoi, dans leurs foyers, de nombreux soutiens de famille.

A ce sujet, survint un incident que je rapporte comme donnant une idée des difficultés que nous avions à surmonter pour discipliner nos hommes, lutter contre l'esprit de révolte qui leur était soufflé du dehors, et parvenir à gagner leur confiance et leur affection, seul moyen d'action que nous pussions avoir sur eux, dans ces corps éphémères.

On m'avait remis une longue liste de jeunes gens à renvoyer comme soutiens de famille, et j'en donnais lecture à la compagnie alignée tant bien que mal dans la cour du quartier, le long du Loir.

Il paraît que le choix des exemptés n'était pas judicieux ; car, à mesure que j'appelais un nom et que l'heureux élu se sauvait à toutes jambes, des cris de plus en plus indignés s'élevaient de la compagnie. A la fin ce furent de vrais hurlements, et tous mes hommes, rompant les rangs, se ruèrent sur moi en vociférant : « Enlevez-le ! A l'eau le capitaine ! »

Encore en civil, chaussé d'un pied seulement et sans autre arme que la canne sans laquelle je n'aurais pu faire un pas, je reculai jusqu'au mur du quartier où je m'adossai, en disant au sous-lieutenant de courir à la gendarmerie, qui est fort éloignée, chercher des hommes et des menottes. Puis, je traçai sur le sable un cercle avec ma canne, et prévins que celui qui dépasserait cette ligne serait fusillé.

Cela fait, j'attendis aussi tranquillement que possible, avec mon lieutenant, au centre du cercle magique autour duquel, sans le franchir, continuaient à hurler mes hommes dont j'étudiais les physionomies, exprimant une haine si sauvage, que je ne m'en étais jamais imaginé une semblable.

Pauvres gars! Quels pouvaient être leurs sentiments alors qu'ils venaient d'être arrachés à leurs foyers et livrés, pour être conduits à la boucherie, à un de ces nobles, qui, de connivence avec les curés, payaient les Prussiens? Je dois ajouter que plus tard, lorsque ma compagnie et moi nous connaissant mieux, fûmes liés par une confiance et une affection réciproque, que vingt ans de séparation n'ont pu diminuer encore, je ne reconnaissais dans ses rangs aucune des figures que la violente révolte du quartier de Vendôme m'avait gravées dans la mémoire. De quatre cent cinquante hommes, ma compagnie était réduite à deux cent quinze, et ceux-là, mes futurs bons et vaillants frères d'armes, se tenaient, sans doute, au second rang des braillards, et ne hurlaient que pour faire comme les autres.

Le calme se rétablit aussitôt que parurent les

gendarmes. Je leur désignai un grand rouge et un petit brun qui s'étaient distingués, et que je fis solennellement conduire en prison. La vue des menottes produisit un effet prodigieux : nous ne jouions pas aux soldats.

L'intéressante étude des *tête droite, tête gauche*, à laquelle nous bornait le manque de fusils, continua tranquillement.

Quant aux prisonniers, je les fis relâcher le lendemain, et ils partirent s'engager dans l'armée d'Afrique, refuge, alors, de toutes les pratiques de la mobile, qui espéraient aller au dépôt en Algérie, et n'en revenir qu'après la guerre.

Le 29 août, ordre vint de nous rendre tous à Blois, pour y prendre enfin des armes; de là nous devions nous disperser en différents cantonnements. Ma compagnie était dirigée sur Onzain, joli bourg au bord de la Loire.

Ce fut, je l'avoue, avec un véritable bonheur que je quittai Vendôme. J'allais donc enfin me trouver seul à seul avec ma compagnie, faire sa connaissance, m'occuper à ma guise de son instruction, sans entrave d'aucune sorte, sans la présence continuelle et si funeste des amis et parents.

Ce désir fut exaucé et au delà; car, à partir de ce moment et jusqu'à la fin de la campagne, je ne fus plus qu'à d'assez rares et courts intervalles réuni au reste du régiment. C'était parfois pénible, car j'y comptais d'excellents amis, mais bien préférable au point de vue militaire. En effet, malgré tous nos soins et notre dévouement, nous ne pouvions prétendre à faire, en si peu de temps, autre chose de nos hommes que des groupes de partisans, des sortes de corps francs, où large part était faite à l'initiative des chefs et des soldats, et le fractionnement par compagnies s'y prêtait beaucoup mieux que le groupement du régiment entier, bien médiocre copie des régiments de la vieille armée.

Nous partîmes le 1er septembre à 5 heures du matin. Rien de solennel dans ce départ de la pauvre mobile, qu'on ne prenait pas au sérieux, et qui n'y prêtait guère.

Quelques parents nous escortèrent jusqu'aux dernières maisons du faubourg du Temple. Là, on s'embrassa en riant, et nos moblots partirent gaiement, la chanson aux lèvres, le petit paquet sur l'épaule, au bout d'un bâton.

Qui pouvait prévoir les vides effrayants que

les balles et la mitraille devaient produire
parmi ces gais voyageurs à la tournure si peu
militaire; que l'indifférent adieu de cette belle
matinée serait éternel pour un si grand nombre d'entre eux; que là même où il s'était
échangé en riant, s'élèverait un jour le beau
monument consacré par Vendôme à la mémoire
de ses glorieux mobiles?

Je tenais absolument à faire avec mes hommes leur première étape : mais malgré tout le
bien qu'un pharmacien de Vendôme avait fait
à ma brulûre, les sept lieues qui nous séparaient de Blois me parurent mortellement longues.

Sitôt arrivés, nos hommes reçurent chacun
un képi de toile blanche à bande rouge, devenu
légendaire dans notre pays, une blouse grise
à collet rouge, un ceinturon, une petite giberne
d'enfant en cuir verni, et un fusil à piston.

Le soir, un grand dîner réunit pour la première fois tous les officiers des deux bataillons
de Loir-et-Cher.

Notre petite étape du lendemain, de Blois à
Onzain, le long de la Loire, fut une délicieuse
promenade; tout était gai, le soleil, le paysage,
les hommes ravis de leur fusil et de leur uni-

forme rudimentaire, leur capitaine enchanté de posséder enfin sa compagnie.

Dès notre arrivée à Onzain, l'esprit devint excellent, et l'organisation et l'instruction marchèrent avec une étonnante rapidité, favorisées par l'intelligence des hommes, bien supérieure en moyenne à celle de l'armée active.

Le lieutenant Gendron, qui avait longtemps servi comme sous-officier, était excellent instructeur, le sous-lieutenant Besnard, plein de zèle. Nous avions, en outre, parmi les hommes, un ancien dragon, nommé Rivière, et un certain Blanchet, qui avait été un peu matelot; ils nous aidaient de leur mieux. Il y avait encore un vieux soldat, Rambourg, venu chez nous en qualité de remplaçant, qui aurait pu faire un instructeur, mais comme il était généralement ivre dès le réveil, je lui faisais des loisirs à la salle de police.

Rambourg a été tué à Loigny, Rivière blessé à Villarceau, Blanchet blessé à Parigné-l'Évêque.

Nos cadres s'organisaient aussi. J'avais un excellent sergent-major, M. Duchampt, aujourd'hui architecte à Paris, et un très bon fourrier, le pauvre Tavenot, qui fut tué à Loigny.

L'instruction militaire des cadres était, au

début, absolument nulle, mais leur bonne volonté parfaite. Nous avions même un tambour, et un clairon qui sonnait très faux, mais très fort. Notre pauvre clairon eut la petite vérole, et le tambour, Chaillou, ayant eu son instrument crevé par une balle, à Coulmiers, le remplaça par un fusil.

Huit heures par jour d'exercices variés autant que possible, pour ne pas éreinter les hommes, nous permirent de parcourir en un mois toute la progression de l'instruction militaire, écoles du *soldat*, de *peloton* et de *tirailleurs*, réduites aux mouvements absolument indispensables.

A la fois caporal instructeur et général en chef, je puis affirmer qu'à la fin du mois, la compagnie manœuvrait assez bien pour mériter les éloges et provoquer la surprise de tous les vieux soldats du pays qui venaient nous voir.

Même, ayant obtenu quelques cartouches, nous fîmes plusieurs tirs à la cible et je reconnus avec bonheur que mes hommes, un peu braconniers pour la plupart, et d'ailleurs exercés par les tirs au pavois qui se font l'été dans presque tous nos villages, étaient absolument remarquables sur ce point capital de l'instruction du fantassin. Plus tard, la grande expé-

rience du champ de bataille, quand les cibles
furent des hommes, vint confirmer cette
appréciation.

L'esprit de la compagnie devenait très bon ;
le dimanche, je donnais toutes les permissions
demandées, sans avoir jamais eu à m'en repen-
tir, et certes, en ces braves garçons dociles,
laborieux et pleins d'entrain, qui accueil-
laient sans un cri la proclamation de la répu-
blique et résistaient à toutes les immondes
excitations du dehors, on aurait eu grand'-
peine à reconnaître les révoltés qui voulaient
naguère jeter leur capitaine à l'eau !

Tous ces résultats de nos soins et de nos
peines faillirent être perdus pour moi ; car vers
le milieu de septembre vint l'ordre de soumettre
tous les officiers à l'élection.

Bien que certain d'être élu, je partis immédiatement porter ma démission à Blois, où
je trouvai à peu près tous les officiers du régiment venus dans le même but. Je fis en même
temps ma demande pour rentrer comme sous-
lieutenant dans l'armée active, ce qui m'était
désormais permis.

Devant cette unanimité, l'ordre fut retiré,
et l'élection si absolument contraire à la dis-

cipline précaire que nous pouvions seule espérer, n'eut jamais lieu dans notre régiment.

Quant à ma demande, elle fut sans doute oubliée. Plus tard, après la bataille de Coulmiers, je demandai une permission pour aller la réitérer : mes hommes, qui l'avaient appris je ne sais comment, vinrent en grand nombre me prier de ne pas les quitter à la veille d'une autre bataille où ils ne sauraient, disaient-ils, se passer de moi. Touché de l'affection de mes chers gars que j'avais vus si braves, j'attendis, pour renouveler ma demande, cette seconde bataille où une balle devait me clouer à l'ambulance pour de longs mois, et anéantir à jamais mon rêve de rentrée dans l'armée, caressé depuis que je l'avais quittée, longtemps chimérique et presque réalisé un instant.

A Onzain commença la distribution des souliers à semelles de carton, des vareuses qui fondaient à la pluie comme de la gélatine, des pantalons que deux jours d'exercice réduisaient en haillons. Je ne reviendrai plus sur ces distributions, sources de tant de souffrances, physiques pour nos soldats, morales pour nous, obligés de leur faire accepter ces choses sans nom. Il est des fanges si nauséabondes qu'on n'ose les remuer, mais il a dû se réaliser de bien brillantes fortunes sur l'habillement, les maladies et la mort de nos pauvres moblots !

La mobile de Vendôme gardera toujours un doux souvenir d'Onzain, de l'excellent accueil des habitants, chez lesquels nous étions logés, de la vie plantureuse qu'ils y menaient pour leurs vingt sous. Un poète de la compagnie, Terreux, chanta cette Capoue des bords de la Loire, et plus tard, dans les mauvais jours, quand une voix gaillarde entonnait ces couplets naïvement fanfarons, le doux nom d'Onzain, jeté à travers la boue et la neige, la faim et l'épuisement, ranimait le sourire et le courage.

Onzain fut, pour nous, l'idylle avant le drame. Personnellement, je ne puis ne pas adresser ici le plus reconnaissant souvenir à tous ceux qui ont puissamment contribué à adoucir la tâche fort rude qui m'incombait, et dont plusieurs ne sont plus là pour le recevoir, comme l'excellent curé chez lequel je logeais, et qui ne put jamais se résigner à laisser arriver chez moi, le matin, mon ordonnance, Louis Brèche, fils de mon vieux garde, sans l'avoir grisé au passage, dans la cuisine ; comme le directeur du collège, qui mit si aimablement

tout son local à notre disposition, pour les exercices des jours de pluie; comme les châtelains
de Chaumont, dont la gracieuse hospitalité
m'était si largement ouverte à toutes les heures, trop rares, dont je pouvais disposer.

Vers les premiers jours d'octobre, nous fûmes rappelés à Blois. Quitter Onzain était
dur; mais nous rapprocher de l'ennemi excita
un enthousiasme général. Nous vîmes avec stu-
peur le caporal Guibert lui-même, dit le *père
Tranquille*, danser sur la place, en jetant son
képi en l'air.

Pauvre Guibert! la France sera grande
tant qu'elle produira des modestes héros
comme lui. Originaire de notre pays, clerc
de notaire à Provins, il n'avait de militaire, en
apparence, que l'amour, le culte du devoir : mais
jamais je n'ai vu plus fière et calme contenance
au feu que la sienne. A Villarceau, un obus
lui coupa les deux jambes; ses camarades l'em-
portaient dans une toile de tente, et ses pauvres
membres ballottaient, retenus par quelques ten-
dons. « Prends ton couteau, et coupe-moi tout
cela qui me gêne, » dit tranquillement Guibert
à un ami qui lui tenait la main, et il mourut.
Il n'aura ni statue ni légende, le pauvre moblot

ignoré, pas même une croix de bois blanc sur le sillon sous lequel il dort. Dieu doit réparer les oublis de la terre, et réserver une place spéciale dans l'éternité aux obscurs martyrs du devoir.

Nous rentrâmes à Blois très brillamment, très correctement en colonne par demi-sections, tambour et clairon en tête, et mes moblots se vantaient, à bon droit, d'avoir absolument *épaté* leurs camarades des autres compagnies.

Après quatre jours de casernement, pendant lesquels mon lieutenant et moi reçûmes la plus charmante hospitalité chez les parents de M. Besnard, notre sous-lieutenant, fils du président du tribunal de Blois, nous fûmes envoyés à Oucques. C'était une étape de plus vers l'ennemi, qui approchait d'Orléans.

Comme nous étions la première compagnie du département marchant vers l'ennemi, les pompiers de Blois, officiers en tête, nous escortèrent jusqu'à Villebarou. Là, une pièce de vin blanc nous attendait sur la route; pompiers et mobiles fraternisèrent à pleins bidons. Une seconde pièce suivit la première; une troisième s'avançait à travers les vignes. Les officiers de

mobiles, épouvantés, firent sonner la marche,
hélas! un peu trop tard déjà. Les adieux se firent avec larmes, et la compagnie s'éloigna sans
aucune dignité, mais en criant : « Vive Villebarou! Vivent les pompiers de Blois! » avec une
effrayante conviction. Longue route, triste arrivée à Oucques.

Le vin blanc de Villebarou fermentait-il encore sous les képis blancs, ou passait-il sur la
mobile une de ces inexplicables épidémies d'indiscipline qui, de temps en temps, sévissaient
tout à coup sans cause apparente? Je ne sais,
mais nous passâmes huit mauvais jours.

Comme nous étions très près de l'ennemi,
dont les coureurs nous étaient parfois signalés
à quelques lieues, je prévins la compagnie que
je devrais, désormais, me conformer rigoureu-
sement à l'ordre de refuser toutes les permissions.

Vendôme était bien près, à 5 lieues seulement,
et le dimanche suivant, il manquait à l'appel
quarante-deux hommes, dont deux sous-officiers! La tentation avait été trop forte pour les
pauvres garçons si près de chez eux; mais un
exemple était nécessaire, il fut rigoureux. Les
hommes eurent chacun huit jours de prison, et

les deux sergents furent cassés de leur grade, avec trente jours de prison.

Je ne crois pas avoir rien éprouvé de plus pénible, pendant toute la campagne, que l'obligation d'infliger à la fois *trois cent quatre-vingts jours* de prison à mes pauvres chers moblots, pour une faute très grave, à coup sûr, mais bien excusable.

Après vingt ans passés, le souvenir en est encore douloureux, à cause du cruel événement qu'il me rappelle.

Comme la compagnie était toujours en mouvement, les punis ne firent que deux ou trois jours de prison; mais les deux sergents avaient toujours perdu leurs galons, que je me promettais bien de leur faire rendre à la première occasion.

Elle se présenta à la prise de Faverolles, six semaines après.

Au moment où ma compagnie, en avant-garde, se ruait sur le village baïonnette en avant, je vis à mes côtés Bonneau et Goudet, qui avaient quitté les pelotons où ils avaient été versés, voulant, disaient-ils, charger avec leurs amis. Ils firent merveille, et dès le lendemain à l'aube, ayant été voir le colonel, je pus les ramener à la compagnie comme sergents. Cette aube était celle de Loigny. Pendant que nous gravissions, sous un feu formidable, une pente douce menant à Goury, Bonnau s'approcha de moi et me dit : « Mon capitaine, je veux rester à côté de vous pour que vous voyez que je mérite les galons que vous m'avez rendus. » Je lui serrai la main. Il était très reconnaissable, même de loin, parce qu'il avait un caban et un capuchon, tandis que la plupart de nos mobiles drapaient leurs haillons dans les couvertures d'écurie multicolores qu'on nous avait distribuées. Néanmoins, dans l'effroyable confusion causée par le feu de trente pièces dont les obus, éclatant de tous côtés, nous couvraient de terre, de pierres, de débris de toute nature, je le perdis bientôt de vue. Ni moi, ni ses camarades, ni ses parents, que je connaissais et dont il était le fils unique et adoré, ne l'avons jamais revu ; personne n'a pu dire comment il était tombé. Depuis vingt ans, son père et sa mère vont sans y jamais manquer passer le 2 décembre à Loigny, et ce douloureux pèlerinage est, m'ont-ils dit, le meilleur moment de leur triste année. Rien ne m'a mieux fait comprendre toute l'horreur de la guerre que cette douleur si profonde, et si chrétiennement résignée.

A Oucques, j'étais encore logé chez le curé; mais je dois avouer que son hospitalité ne ressemblait en rien à celle du presbytère d'Onzain. C'était un vieillard assez maussade, qui trouvait très bruyantes les allées et venues continuelles des hommes venant me parler.

La petite vérole commençait ses ravages.

Là aussi, nous fîmes notre première expérience de l'aménité des rapports provoqués par certaines circonstances de la guerre.

Un soir, au moment de me mettre à table avec mes officiers et ceux de la 5ᵉ compagnie de notre régiment, arrivée la veille, je reçus la visite d'un mien cousin, capitaine d'un régiment de mobiles cantonné aux environs. Grande joie de nous revoir et, naturellement, invitation, sitôt acceptée, de dîner avec nous. Tout en mangeant, mon cousin me dit : « J'ai l'ordre de mon colonel de faire porter à mon régiment toute la farine d'Oucques. — Rien de mieux, je vais faire venir le moblot qui boulange pour nous; nous calculerons ce qu'il faut de farine pour les deux compagnies qui sont ici, et vous emporterez le reste.

— Je n'ai pas à m'occuper de vos hommes, j'ai des ordres formels, pour prendre *tout*, et je les exécuterai. »

J'avoue que la patience commençait à m'échapper.

« Mon cher cousin, dis-je le plus tranquillement possible, je suis ici commandant de place, de plus votre supérieur par ancienneté, puisque chez nous elle se compte par les services antérieurs. A ce double titre, je vous défends formellement d'emporter un seul sac de farine d'Oucques, sans que je vous le délivre moi-même. »

L'unique meunier d'Oucques entrait, amené par l'ordonnance de mon cousin, qui lui dit : « J'ai réquisitionné des voitures qui doivent être à votre moulin; vous allez faire charger dessus toute votre farine. Si dans une demi-heure ce n'est pas fait, et si vous gardez un seul sac, vous m'entendez bien, *un seul sac*, vous serez fusillé. Allez. »

C'était trop fort!... Je dis au meunier : « Si vous livrez *un seul sac* sans mon ordre, vous serez fusillé. Allez! »

Quand il fut sorti, je commandai à mon lieutenant de faire placer des postes, les armes chargées, sur toutes les routes, avec ordre d'arrêter toute voiture sortant d'Oucques.

Tous les autres officiers se tenaient cois, pour ne pas troubler les épanchements de cette cordiale réunion de famille. Mon cousin mangeait tranquillement, sa montre à côté de lui sur la table. Quand la demi-heure fut écoulée, il sortit. Le sachant très énergique et très attaché à ses idées, je sortis après lui, pour empêcher tout malheur.

Nous cheminions des deux côtés de la route, par un beau clair de lune, vers le moulin à vent dont les grandes ailes tournaient comme poussées par le désespoir de leur maître, et quoique ému, je l'avoue, par l'incertitude du dénouement de cette scène, je ne pouvais m'empêcher de rire de son côté très comique. A quelques pas du moulin, mon cousin s'arrêta tout court, j'en fis autant. Après une minute, il vint à moi.

« Il faut en finir, dit-il. — C'est bien mon avis.

— Au besoin vous témoignerez devant mon colonel que vous m'avez empêché par la force d'obéir à ses ordres ? — Bien volontiers.

— Hé bien, arrangeons-nous, » et il me tendit

la main, que je serrai cordialement. L'arrange-
ment était facile; je pris la farine nécessaire
pour mes deux compagnies, et lui livrai le
reste. Je fis lever les postes; les voitures sor-
tirent, le meunier ne fut fusillé par personne,
nous allâmes finir la soirée ensemble au café,
et *jamais*, mon cousin et moi, parmi tous les
souvenirs de guerre que nous aimons à évo-
quer ensemble, n'avons réveillé celui-là.

Je ne commets, d'ailleurs, aucune indiscré-
tion, ne nommant ni lui ni son régiment, et
j'avais trop de parents sous les armes pour que
le mot « mon cousin » le désigne. D'ailleurs
toute sa conduite était inspirée par le devoir
d'obéir, qui se heurtait malheureusement à mon
devoir supérieur de nourrir mes hommes.

Le dernier souffle néfaste d'indiscipline passa
sur la compagnie à l'occasion d'une excursion
qu'on nous fit faire, je n'ai jamais su pourquoi,
à Écomans, où l'on nous laissa sans ordres et
sans vivres. Mécontents, désœuvrés et affamés,
les mobiles se répandirent dans le village, et y
firent tapage et mille sottises. Tous ceux qui
purent en trouver se promenaient coiffés de ces
impossibles chapeaux à haute forme, mis en
réserve, dans les campagnes, pour les noces et

les enterrements. Chose plus grave, on tordit le cou à quelques poulets égarés, voire même j'entendis trois ou quatre coups de fusil adressés à des canards sur une mare. C'était en des moments pareils qu'un malheureux capitaine de mobile, sentant sa compagnie lui échapper, avait cruellement à souffrir du manque absolu de sous-officiers et caporaux ayant la moindre autorité sur leurs hommes! Voyant la journée s'avancer et ne recevant toujours pas d'ordres, j'envoyai une voiture de réquisition à Oucques pour chercher du pain, et désignai à mes tapageurs quelques granges pour y passer la nuit. J'y couchai même avec eux, pour leur donner l'exemple, et ne pas les abandonner à eux-mêmes. Deux souris se poursuivant bruyamment dans la botte de paille qui me servait d'oreiller me tinrent longtemps éveillé; nous étions encore des sybarites. Dès l'aube, je fis prendre les armes à la compagnie, et la formant en cercle dans un pré à quelque distance du village, je lui fis un discours en règle : « En acceptant le commandement de la compagnie de Vendôme, j'avais accepté de commander à des soldats, non pas à des voleurs qui prenaient des poules, qui tiraient sur des canards les quelques cartou-

ches confiées par la France pour la défendre,
qui ne pouvaient supporter sans murmurer un
jour sans pain, et une nuit sans sommeil; ils
en verraient sous peu bien d'autres! Les grandes souffrances approchaient; ils me connais-
saient déjà assez pour savoir que tous mes
efforts tendraient à les atténuer, qu'en tous cas,
je les partagerais toujours avec eux; mais je
leur donnais ma parole d'honneur qu'au premier symptôme de révolte, au premier murmure, trois d'entre eux que je connaissais seraient traduits devant la cour martiale qu'on
venait d'instituer, et dont l'unique peine était
la mort dans les douze heures. Vendôme avait
confié son honneur à mon honneur de soldat; je
saurais le garder intact, dussé-je faire fusiller la moitié pourrie de la compagnie pour
conserver l'autre moitié digne de la patrie! »

Ce discours dont la sévérité était plus justifiée
par les circonstances que par les enfantillages
de la veille, fut accueilli par un cri unanime
de : Vive le capitaine! C'était la promesse, dictée
bien plus par l'affection que par la crainte, de
ne plus recommencer, et jamais promesse ne
fut plus loyalement tenue.

Quelques heures après, nous rentrions à Oucques.

Le 17 octobre, à neuf heures du soir, ordre
nous vint de partir immédiatement pour Binas.
Cédant aux instantes prières des habitants, le
commandant y réunissait à l'improviste toutes
ses compagnies, pour tenter d'enlever les cavaliers ennemis qui venaient journellement y faire
la maraude.

A onze heures nous étions en route, par une
nuit sereine et lumineuse. Les vastes plaines
de Beauce, où tant d'entre nous dorment leur
dernier sommeil, couvertes d'une gaze blanche par les fils de la Vierge des beaux jours
d'automne, resplendissaient comme l'Océan aux
rayons de la lune.

Cette fois, nous marchions bien à l'ennemi,
et le plus joyeux entrain régnait dans la compagnie. Aux plaisanteries gauloises, aux chan-
sons plus que risquées, répondaient les fanfaronnades insensées, et de bons gros éclats de
rire retentissaient dans les rangs.

Nous avancions très vite. Il fallait arriver
à Binas avant le jour, et au bout de quelques
lieues, la lassitude aida à rétablir le silence
désormais nécessaire, car nous étions en pays

ennemi. Je fis presque toute cette étape en causant avec Adet, le caporal de la première escouade, un des meilleurs et des plus beaux garçons qu'on pût voir. Il me parlait, avec un attendrissement souriant, de son joli moulin du gué du Loir, que je connaissais, près de la fameuse Bonne-Aventure-au-Gué du père d'Henri IV; il m'exposait ses projets, ses modestes rêves d'avenir : avenir désormais bien court, dont une balle prussienne devait, à Loigny, résumer tous les rêves.

A quatre heures du matin, nous fûmes arrêtés par le « qui vive » d'un mobile ; nous étions à Binas, où nous avaient précédés les autres compagnies, venues de moins loin.

L'embuscade rata ; aucun Allemand ne parut ; mais comme il ne s'agissait que de faire les morts dans des granges pour en sortir brusquement lorsqu'un coup de cloche nous apprendrait que l'ennemi était entré dans le village, cette attente sur la paille n'eut rien de désagréable. Peu de jours après, le même piège tendu par notre camarade, le lieutenant de l'Ombre, réussit mieux. Quelques Prussiens y furent pris, et le pauvre vieux curé accusé, non sans raison, d'avoir mis son expérience et son clocher à la disposition des mobiles, fut condamné à mort. Traqué de ferme en ferme pendant tout le reste de la guerre, il put s'échapper, déguisé en charretier.

Il fallait au moins avoir quelques renseignements sur l'ennemi, que nous étions venus chercher si loin.

Dubois, l'adjudant du bataillon, un garçon hardi et intelligent, qui, d'ailleurs, était du pays, s'offrit pour aller en reconnaissance. Il partit donc, en blouse, le fouet à la main comme un charretier un peu musard qui va prendre son attelage. Il revint vers midi nous dire que les uhlans réquisitionnaient autour d'Ouzouer-le-Marché, et le commandant, désolé de nous renvoyer dans nos cantonnements sans avoir rien fait, nous emmena dans cette direction.

Quelques jours après, le brave adjudant Dubois fut nommé sous-lieutenant, et Ernest de Bellaing prit sa place. A Loigny, Dubois fut tué, et Bellaing reçut en plein corps une balle qui, frappant au milieu d'une pièce de vingt francs, l'entraîna dans les chairs. Il fallut les extraire ensemble; la pièce d'or à laquelle Bellaing devait la vie, avait pris la forme d'un dé à coudre. L'année suivante, il entra à Saint-Cyr;

devenu capitaine de cavalerie, il donna sa démission pour se faire prêtre. Dieu l'a rappelé à
lui il y a quelques années.

Notre route semblait s'allonger indéfiniment
dans ces lugubres et monotones plaines de la
Beauce. Nous ne savions où nous allions, lorsque d'un hameau situé à droite de la route,
nous vîmes surgir quatre cavaliers qui vinrent
au petit galop s'aligner à cent mètres de nous
environ; puis, tirant leurs sabres, ils nous firent le plus beau et le plus correct des saluts!
C'était l'ennemi qui se montrait ainsi pour la
première fois, et qui se moquait de nous le
mieux du monde; ce que, franchement, nous
méritions bien, car la contenance des mobiles
fut loin d'être héroïque!

A la vue de ces quatre ennemis, nos huit
cents guerriers perdirent absolument la tête.
Sans commandement, sans même faire face
aux cavaliers, entassés comme ils l'étaient
sur la route, ils ouvrirent un feu terrible;
deux ou trois hommes roulèrent par terre en
hurlant, le sommet du crâne éraflé, très légèrement par bonheur, par les balles de leurs camarades, tandis que les officiers, à coups de
canne et à grands cris, tâchaient d'apaiser le

tumulte et de faire cesser le feu, et que les quatre Prussiens, couchés sur leurs selles, s'éloignaient au grand galop. Ils devaient bien rire! S'ils nous avaient chargés au milieu de cette inénarrable confusion, je ne réponds pas qu'ils ne nous eussent pas tous sabrés ou pris! La mobile a réparé assez noblement cet instant de faiblesse, pour avoir le droit de l'avouer et d'en rire.

Au bruit de la fusillade, d'autres cavaliers allemands se rapprochèrent; il en surgissait de tous les points de l'horizon, qui galopaient dans la plaine, hors de la portée de nos vénérables vieux fusils à piston. Nous n'étions guère qu'à trois ou quatre lieues du camp allemand, à dix ou douze, au moins, de la première sentinelle française, et la nuit approchait.

Nous fîmes enfin demi-tour pour revenir sur nos pas.

Dans cette retraite, nous pûmes mettre un peu d'ordre, bien nécessaire, d'ailleurs, car elle pouvait être fort dangereuse. Les compagnies marchaient sur la route; deux lignes de tirailleurs les flanquaient à droite et à gauche; au delà voltigeaient toujours les allemands, de plus en plus nombreux, à mesure que l'ombre se faisait; puis ils disparurent tout à coup, et nous pensâmes qu'ils allaient chercher du renfort.

Ce retour fut d'une indicible tristesse; nous avions déjà fait treize lieues depuis la veille, presque sans manger, mais la souffrance physique n'était rien auprès du découragement moral; fallait-il donc s'être donné tant de peine pour en arriver à former des soldats incapables même de regarder de loin un ennemi inoffensif?

A mesure que la lueur du soleil s'éteignait, une autre lueur grandissait sur un autre point de l'horizon; à la nuit noire, tout un côté du ciel fut embrasé par cette lueur rouge, ardente, immense. Je ne sais comment le bruit se répandit aussitôt que c'était Châteaudun qui brûlait, à une dizaine de lieues de nous.

A Binas, nos hommes tombèrent épuisés dans les granges : les miens en étaient à leur dix-huitième lieue! Cependant, de l'avis unanime de tous les officiers convoqués par le commandant, nous ne pouvions rester à Binas sans courir le risque à peu près assuré, d'être attaqués et enlevés le lendemain matin.

Il fallut donc faire relever nos pauvres moblots éreintés, les remettre en rang et repartir. Viévy-le-Rayé m'était assigné. Encore une fois toutes les compagnies se séparaient, et j'allais me retrouver seul avec la mienne.

Ni chants ni joyeux propos n'égayèrent cette longue route. La lueur immense de l'incendie de Châteaudun nous servait de phare; on poussait machinalement l'une devant l'autre ses jambes raidies, dans un demi-sommeil douloureux, et si l'on rencontrait une borne ou un mètre de pierres, on tombait lourdement.

Dans un village à la lisière de la forêt de Marchenoir, nous trouvâmes un poste de gardes nationaux indigènes, où brûlait un bon feu clair et joyeux : j'y demandai un guide pour aller au plus court à Viévy à travers la forêt; les « *Qu'à la mort* » grognaient; l'un d'eux grommela quelque chose sur les officiers vendus. Je n'étais pas de très bonne humeur : voilà mon guide; allons, vite, dehors! Deux mobiles à droite et à gauche, baïonnette au canon, et hop! En route pour Viévy!

Vers trois heures du matin, nous finissions enfin notre vingt-troisième lieue, notre quatre-vingt-douzième kilomètre, et arrivions à Viévy-le-Rayé, après un jour et deux nuits de marche.

Il nous fallut encore bien une heure pour

installer tous nos hommes, et cependant j'avoue avoir bien abrégé les formalités du billet de logement. Les granges ouvertes les reçurent d'abord, puis celles qui ne l'étaient pas et dont la porte cédait à une certaine poussée.

Quand mes deux cent quatorze mobiles ronflèrent avec la tranquillité que nous donnait la certitude d'avoir des troupes en avant de nous, nous allâmes, mes deux officiers et moi, réclamer au château une hospitalité qu'il fallut bien nous accorder, et que je fus, pour mon compte, heureux d'échanger quelques jours après, contre celle, très modeste mais très cordiale, d'une excellente vieille femme du village.

Une huitaine de jours s'écoulèrent sans autres incidents que ceux provoqués, journellement, par les distributions d'effets qui nous arrivaient et par les difficultés qu'offrait la subsistance.

Nous ne touchions pas encore de vivres de campagne, et nos moblots, avec leurs vingt sous de solde, avaient juste de quoi mourir lentement de faim dans un petit village. Mais en faisant acheter de la farine et des vaches, en faisant travailler notre boulanger Tanviray et notre boucher Lambron, nos hommes étaient très bien nourris pour quinze sous, et encore il y eut, après la guerre, un boni d'environ 6 francs par tête à leur distribuer. Quant aux officiers et aux raffinés qui faisaient fi de l'ordinaire, moyennant une énorme rétribution, ils obtenaient à chaque repas un hareng saur, parfois même une omelette, et une bouteille de piquette au cabaret. Que nous étions déjà loin d'Onzain et près de la Beauce!

Un mobile vint un jour tout essoufflé nous appeler en soutien de la 4ᵉ compagnie du bataillon, menacée à Écomans par les Allemands. Arrivés au pas de course, nous vîmes, en effet, un gros escadron de uhlans qui passait dans la plaine, mais hors de portée de nos vieux fusils.

Comme nous revenions à Viévy, nous rencontrâmes un régiment de lanciers français, dont le colonel m'ordonna de retourner à Écomans et d'y attendre ses instructions.

Deux compagnies de ligne venaient d'y arriver; nous formâmes les faisceaux derrière elles, et nous attendîmes les instructions promises.

La nuit vint. Les fantassins dressèrent leurs tentes. Nous n'en avions pas, et nous nous étendîmes sur la terre nue, autour de nos feux de bivouacs.

Cette première nuit en pleins champs nous parut dure; il faisait déjà très froid, et toute poésie à part, on dort mal dans un sillon, et d'un sommeil auquel l'engourdissement par le froid se mêle pour une bonne part. C'est une sensation étrange, un vertige qui fait mal à la tête, d'associer le scintillement des étoiles à tous les rêves agités de ce demi-sommeil.

Vers quatre heures, au moment le plus glacial de la nuit, les officiers de la ligne firent lever leurs hommes; les nôtres, qui n'avaient ni sacs ni tentes, furent de suite debout et alignés : « Nous sommes les premiers soldats de France! » disaient-ils gaiement en attendant les fantassins.

Le chef de cette petite colonne me dit qu'il pouvait avoir à combattre au lever du soleil; nous nous mîmes donc à la gauche des fantassins et les suivîmes longtemps dans une direction inconnue.

Mais lorsque le grand jour nous montra jusqu'au plus lointain horizon la plaine nue et vide d'ennemis, je commandai de faire demi-tour, et nous rentrâmes manger avec un merveilleux appétit notre soupe à Viévy. Quant aux instructions du colonel de lanciers qui nous avait fait passer une nuit à la belle étoile et vingt-quatre heures à jeun, nous les attendons encore.

Près de Viévy, nous croisâmes un vieux cabriolet de louage qui s'arrêta. Il en descendit un monsieur de bonne apparence qui m'interpella pour me demander des renseignements sur l'emplacement de nos cantonnements. Sans avoir au même degré que la majorité de mes concitoyens, l'esprit hanté par le spectre de l'espionnage, j'avoue que je fus surpris, et me demandai si je ne ferais pas arrêter ce quidam curieux. « Je suis M. de Serre, me dit-il. — Pas l'honneur de connaître...? » Il parut surpris : « Secrétaire de M. de Freycinet! » Ce nom ne me disait rien : la surprise devenait stupéfaction. « Délégué à la guerre!... — Ma foi, Monsieur, vous me parlez de gens et de choses qui me sont absolument inconnus; vous me demandez des renseignements que le plus élémentaire devoir m'ordonne de vous taire. Peut-être devrais-je vous faire arrêter; mais n'étant pas en première ligne, je laisse ce soin à mon camarade, dont les sentinelles vont faire

rebrousser chemin à votre voiture à deux
cents mètres d'ici. J'ai l'honneur de vous sa-
luer ! » Ils étaient vraiment impayables, ces
gens croyant de bonne foi que leurs noms
obscurs retentissaient comme un gage de victoire dans les armées soumises à leur autorité
pour le malheur de la France. Mes camarades
d'autres compagnies me dirent qu'ils avaient
reçu la visite d'un monsieur très laid, Cré-
mieux ou Glais-Bizouin, je ne me rappelle
plus, dont l'importance les avait bien fait
rire.

Le lendemain, ordre vint d'aller à Fréteval
échanger enfin nos vieux fusils contre des remington.

Nos armes devaient être rendues déchargées.
L'ordre était à peine communiqué à la compagnie qu'une fusillade enragée éclata soudain de
tous les points du bourg. Le temps de bondir
de mon hareng saur du déjeuner jusqu'à la
porte, et déjà je m'étais figuré Écomans évacué
à mon insu, et les uhlans dans Viévy. Je m'é-
tais maudit pour m'être mal gardé et promis
que les Prussiens ne m'auraient pas vivant.
Mais je fus rassuré avant même d'avoir eu le
temps de mettre sabre au clair. Les mobiles,

ignorant l'usage du tire-balle, déchargeaient leurs armes en l'air; une fois le feu ouvert, il avait été impossible de le faire cesser, tant qu'il était resté une cartouche dans un fusil. Ce que je prévoyais ne tarda pas à se réaliser; tous les cantonnements d'alentour, croyant à une attaque, envoyèrent des détachements, même de très loin; un sergent avait amené le sien si vite, que le pauvre diable s'évanouit sur la place. Je le fis revenir à lui et donner à boire à tous mes défenseurs, pendant que, un peu honteux de la nouvelle frasque de ma compagnie, je l'emmenais au plus vite à Fréteval.

La route était longue, le temps affreux, et notre colonne s'égara. Mais la joie d'avoir d'excellents et charmants fusils consolait la mobile.

Notre retour fut illuminé par une splendide aurore boréale; tout le ciel semblait en feu et en sang; bien des imaginations frappées durent voir en ce magnifique météore des présages, hélas! trop réalisés. Même, cette nuit-là, en allant, selon mon habitude, voir les sentinelles éloignées, je les trouvai toutes pensives, et quand, pour les distraire, je leur parlais de leur arme nouvelle, elles me répondaient :

« Regardez donc, mon capitaine, en coule-t-il, de ce pauvre sang *de monde!* »

Deux ou trois jours après, nous eûmes des tentes, des sacs, des couvertures, des ustensiles de cuisine, enfin un drapeau!

Pauvre petit guidon de la 8ᵉ compagnie! Il n'était pas très réglementaire; il avait plutôt l'air d'un jouet d'enfant que d'une enseigne de guerre; mais il reçut le double baptême du feu et du sang, et sa courte histoire fut héroïque.

J'avais prié une dame de Vendôme de bien vouloir me le faire, et deux mobiles, Héron et Richard, allèrent le chercher. Mes deux moblots, Vendômois devenus Parisiens, étaient un peu gascons, mais de ces vaillants gascons tout prêts à accomplir les prouesses annoncées. Ils promirent donc à la dame (qui n'en avait d'ailleurs pas la moindre envie, au contraire!) de lui apporter avant huit jours un casque prussien en échange du guidon. Or, à cette époque les casques prussiens, dans notre pays, tenaient encore tous à la tête de leurs propriétaires. Munis d'une permission de deux jours, les deux moblots, déguisés en paysans, allèrent rôder autour du camp ennemi de Charsonville, et firent tant et si bien qu'ils amenèrent deux hussards prussiens dans une embuscade de gardes nationaux qu'ils avaient tendue ; un des pauvres diables y fut tué, et mes mobiles en prirent le colbak et le cheval, qu'ils ramenèrent en triomphe à Viévy-le-Rayé.

Cette affaire fit du bruit ; Héron et Richard, mis à l'ordre du jour, furent mandés par le général commandant les avant-postes, qui leur fit les offres les plus avantageuses pour les engager à servir d'espions à l'armée. Ils refusèrent de quitter la compagnie ; mais pendant toute la campagne, c'est à leur courage, à leur intelligence et à leur dévouement qu'on fit appel chaque fois qu'on avait besoin de renseignements précis sur la position de l'ennemi.

Héron devint notre porte-drapeau. Après Coulmiers, il montrait fièrement un trou fait par une balle dans la soie, au milieu de l'inscription : *Mobile de Vendôme, 8ᵉ Compagnie.*

C'était le loustic, le boute-entrain dont l'esprit endiablé, la voix gaillarde et les mots drôles de gamin de Paris dominaient le morne silence des plus mauvais moments. A Loigny, il tomba, le cerveau traversé par une balle; le sergent Tanviray le trouva raide mort, la tête inclinée sur notre petit drapeau. Il ramassa bravement, sous une grêle de balles, la petite loque sanglante et glorieuse qui continua à guider la compagnie pendant les derniers combats de la guerre. Chose étrange, à une étape pendant l'armistice, Tanviray perdit, comme un vulgaire mouchoir de poche, cette relique qu'il avait si vaillamment sauvée et portée au feu!

D'après les usages de la guerre, le cheval appartenait à la compagnie; j'allais le faire vendre au profit de l'ordinaire, quand tous les mobiles me prièrent, par acclamation, de l'accepter. J'en fus profondément touché, et montai une quinzaine de jours *Prussienne*, une jolie petite jument baie, très douce et très bonne, qui m'eût rendu de grands services. Mais, en vrais beaucerons, les paysans qui avaient tué son premier maître, après l'avoir laissé emmener, vinrent la réclamer lorsqu'ils pensèrent que le danger était passé. Leur droit me parut incontestable, et je leur rendis, avec un très grand regret, cette bête que j'aimais sincèrement comme témoignage de l'affection de mes chers moblots.

Vers le 25 octobre, comme nous étions à peu près complètement équipés, on nous envoya à la ferme de la Girardière, en avant d'Écomans, former un des anneaux de la chaîne d'avant-postes derrière laquelle se réunissait l'armée de la Loire, à l'abri de la forêt de Marchenoir. Mon lieutenant et mon sous-lieutenant, chacun avec une section, furent détachés dans deux fermes voisines, et je restai à la Girardière avec la moitié de la compagnie.

Aux extrêmes avant-postes, la responsabilité était grande. Pour être mieux à même de tout surveiller, je couchais sous une tente dressée à l'entrée de la grande cour de la ferme. J'y dormais très bien ; mais, par un phénomène que je ne saurais expliquer, dans le plus profond sommeil, j'entendais tout ce qui se passait jusqu'à l'extrême horizon, le pas d'un cheval ou d'un homme, le roulement d'une voiture ; au premier « qui-vive ? » de mes sentinelles les plus éloignées, à plus d'un demi-kilomètre, j'étais debout ; si le caporal de garde tardait trop à les aller relever, je

m'en rendais très bien compte. Le sergent-
major Duchampt partageait ma tente. Très instruit, très intelligent et éminemment artiste,
c'était un charmant compagnon; il savait par
cœur tout Alfred de Musset et le disait très
bien; souvent *Namouna* ou les *Confessions*
étaient interrompues par le remington qui
résonnait dans la plaine. Car les alertes étaient
fréquentes. Tantôt une reconnaissance ennemie qui passait au loin, tantôt des cavaliers
invisibles dont on entendait le galop dans les
ténèbres, plus souvent encore un buisson agité
par le vent, l'ombre d'un nuage ou quelque
animal échappé d'une ferme, ne répondaient
pas au « qui-vive? » et essuyaient le feu des
sentinelles perdues. Les hallucinations de la
nuit sont parfois étranges! A deux ou trois
kilomètres de nous, surgissaient à l'horizon les
cimes de quatre grands peupliers. Quand la lune
était parvenue à un point déterminé, impossible de n'y pas reconnaître quatre cavaliers,
et pour peu qu'on les regardât attentivement et
qu'il fît un peu de vent, ces cavaliers galopaient à 2 ou 300 mètres tout au plus! Nous
les connaissions tous, ces maudits peupliers;
nous les avions étudiés le jour, et ri des mé-

prises : toutes les nuits, ils étaient fusillés et nous faisaient prendre les armes !

Mais elle avait un grand charme, cette vie d'émotions ! Dans la nuit froide et toute brillante d'étoiles, il faisait bon rêver au doux foyer en parcourant la ligne des sentinelles dont la forme obscure se dessinait à peine sur la clarté vague du ciel. Un « qui-vive? », parfois un peu ému, retentissait dans le grand silence; une batterie de fusil craquait, puis, le mot échangé, on s'approchait du compatriote, qui, entortillé dans sa couverture, ne livrait à la bise que ses sourcils et le bout de son fusil. « Quoi de nouveau? — Rien ! » Et le regard interrogeait le grand horizon, noir, froid, plein de mystère et de menaces, où se tenait l'ennemi.

Le *mot*, composé des deux mots *d'ordre* et de *ralliement*, qui change tous les jours, et dont le second, seul, est donné aux factionnaires, nous était envoyé sous pli cacheté chaque soir. Un jour je vis, avec un indicible chagrin, le mot *entier* de la nuit suivante découpé sur le gazon de la berge d'une route où passaient presque journellement des uhlans. Tout n'était donc pas absolument faux dans les bruits

stupides de trahison dont nous étions assom-
més? J'envoyai immédiatement prévenir le
général commandant les avant-postes, et le
mot fut changé.

J'étais heureux d'avoir quitté Viévy, car
la cour martiale y siégeait; en une semaine,
onze malheureux, me dit-on, y furent fusillés
pour avoir volé quelques poules ou quelques
légumes.

Le fermier et surtout la fermière, nos hôtes,
aussi odieusement désagréables que possible, et
nous rançonnant sans merci pour les moindres
objets, qu'ils nous vendaient dix fois leur valeur,
ne voulaient-ils pas traduire en cour martiale le
pauvre Rambourg pour trois poires? En Beauce
seulement il m'a été donné de rencontrer quelques types de brutes analogues.

Un de nos amis de Vendôme, M. Sampayo,
ancien capitaine de cavalerie, vint, avec M. de
Montlaur, m'annoncer toute une série de mu-
tations dans la mobile de Loir-et-Cher. Nos deux
bataillons, réunis à un bataillon du département de Maine-et-Loire, constituaient désormais le 75e mobile, dont M. de Montlaur était
promu lieutenant-colonel. M. Sampayo le rem-
plaçait comme chef du deuxième bataillon, le

nôtre. Nous fûmes tous ravis d'acquérir cet excellent officier, qui me fit part, en même temps, de la naissance de son fils; il devait, hélas, le bien peu connaître!

Très préoccupé de ma responsabilité, du bien-être et de l'instruction de mes hommes, je n'avais songé à prendre aucune disposition pour ma propre subsistance, qui, je dois l'avouer, a toujours été le cadet de mes soucis. Ce n'est que plus tard, qu'à l'instigation de mes officiers, je pris un cuisinier chargé de nous faire vivre comme il pourrait avec les ressources du moment. A la Girardière, quand j'avais faim et que j'avais le temps, je mangeais un bout de pain trempé dans du vin ou du café, que me procurait Louis Brèche, mon ordonnance, et voilà tout. Mais, pour fêter l'arrivée du commandant Sampayo et la formation du régiment, je résolus de donner un grand dîner, dont on parlerait longtemps, à mes officiers et à mon sergent-major.

Ayant encore à peu près tout l'argent de mon entrée en campagne, qui me gênait fort dans les marches, car je le portais dans une ceinture (et il m'avait été payé ainsi que ma solde, plus que suffisante, *en pièces de* 50 centimes), je résolus de faire grandement les choses; tant pis! après nous le déluge! J'envoyai acheter du vin; un mobile me rapporta de Morée un énorme gigot, j'acquis une oie superbe, je ne sais trop quoi encore, et je fus inviter moi-même mon lieutenant et mon sous-lieutenant, leur promettant quelque chose de bien.

Au jour et à l'heure dite, Gendron et Besnard arrivent de leurs détachements; nous fûmons une pipe ou deux, en causant du service, des événements, du commandant. Une bonne heure se passe, la nuit approche. « Merci bien, mes amis, de votre bonne visite, mais je crois qu'il est temps de retourner à vos hommes. — Mais, mon capitaine... et ce dîner? » Hélas! Je l'avais complètement oublié! Oie, gigot et le reste, tout pendait intact à une solive! Nous mangeâmes à la hâte un morceau de pain sec, et rendez-vous fut pris en riant pour le lendemain.

Mais le lendemain, 6 novembre, ordre nous vint de partir pour Saint-Léonard, et si, comme je le crains bien, quelque mobile n'a pas eu la bonne pensée d'emporter mes pauvres provisions, auxquelles je n'avais plus le temps de songer, elles ont dû profiter à nos odieux fermiers : c'était les perdre deux fois.

Tel fut le grand dîner que j'offris à mes officiers ; il devint légendaire, et l'occasion de mieux faire ne se présenta plus ; car, à partir de ce jour, nous devions toucher les vivres de campagne. Pendant tout le temps que j'avais été chargé d'assurer la subsistance de mes hommes, ils avaient été régulièrement et copieusement nourris, c'était l'essentiel.

Nous quittâmes la Girardière sans regret, par un froid aigu, et allâmes attendre, pendant longtemps, les détachements à Écomans, où ils finirent par nous rejoindre à la tombée de la nuit ; puis nous nous mîmes en marche pour Saint-Léonard, où je devais prendre les ordres du général Bourdillon, pour l'emplacement du camp du régiment que je précédais.

Le général me donna un officier d'état-major qui me conduisit où nous devions faire nos tentes. « Évitez autant que possible de camper dans les blés ; tenez, mettez-vous là ! »

C'était justement un blé superbe, comme je le vis au jour !

Depuis un mois, nous vivions la pensée et le

regard en avant, vers l'ennemi, sans avoir le temps de voir derrière nous ; nous avions entendu parler de l'armée de la Loire sans y croire beaucoup. Ce fut donc une surprise de trouver des tentes alignées sur des kilomètres entiers de route, et d'être arrêtés à chaque instant par des sentinelles en pantalons rouges. « Halte-là ! Qui-vive ? — France ! — Quel régiment ?— 75e mobile. — Avance à l'ordre ! »

Me traite qui voudra de chauvin, ce n'est jamais sans émotion que j'ai crié dans la nuit ce grand et doux nom de France, qui nous ouvrait la route des champs de bataille où nous allions combattre et mourir pour elle.

Une ère nouvelle commençait pour nous ; désormais la compagnie ne devait plus se séparer qu'accidentellement du reste du bataillon. Je perdais les fonctions de commandant en chef, mais aussi, avec une bonne part de ma lourde responsabilité, tous les cuisants soucis de l'administration, car nous ne devions plus loger que sous la tente, et toucher les vivres de campagne. La période d'instruction était close, celle des combats allait s'ouvrir.

Le 7 novembre, le réveil du camp de Saint-Léonard fut très gai ; les hommes étaient enchantés de leur première nuit sous la tente, ravis de faire partie d'une grande armée, d'avoir touché leurs vivres, et de boire d'excellent café tout chaud, autour des feux où chantaient les marmites de campement bien garnies et toutes neuves.

Les officiers, tous du même pays, et, pour la plupart, voisins de campagne et amis d'enfance, étaient heureux de se retrouver. Réunis autour du commandant Sampayo, nous causions, en attendant le déjeuner, des bruits d'armistice qui s'étaient répandus la veille, lorsque la grande voix du canon éclata soudain, sonore et puissante, à quelques kilomètres de nous.

Ordre fut aussitôt donné de courir au bruit.

En un instant les tentes furent roulées, la viande à demi cuite et le pain entassés dans les marmites, les marmites bouclées sur les sacs, et les sacs chargés sur les épaules ; puis, laissant les bagages à la garde des invalides, nous partîmes en toute hâte sur la route qui traverse la forêt.

Le canon tonnait toujours, de plus en plus près. Des officiers d'ordonnance, des batteries d'artillerie, passaient au grand galop et divisaient notre colonne. La route était jonchée de pain et de viande que les hommes jetaient pour alléger leur allure de plus en plus accélérée, jusqu'à devenir une véritable course au pas gymnastique. Beaucoup d'hommes s'arrêtaient pour cacher leur sac sous bois. Nous traversâmes, toujours courant, et dans un désordre indescriptible, Marchenoir, d'abord, puis Saint-Laurent-des-Bois. Nous avions fait au moins douze kilomètres.

Au bruit du canon se mêlaient, maintenant, le crépitement de la fusillade et le déchirement strident de la mitrailleuse; une charretée de blessés passa. « Hardi, les moblots! » nous cria un chasseur à pied tout sanglant. Je me retournai pour mettre un peu d'ordre dans ma compagnie en ce moment solennel entre tous! Hélas! je n'avais qu'un seul de mes hommes auprès de moi, Maury : j'avais couru trop vite. Les pauvres gars, chargés, formaient une longue file qui se hâtait, essoufflée, tout le long des 2 kilomètres de route droite qu'embrassait mon regard. Il faut avoir senti la capiteuse ivresse d'une première bataille pour comprendre ce que j'éprouvai en m'arrêtant pour les attendre. « Qu'est-ce que vous faites, capitaine, est-ce que vous avez peur? » me cria une voix ; je me retournai et vis une figure que je reconnus plus tard et n'oublierai jamais, celle du général Chanzy. Jamais non plus je n'aurais oublié, si j'étais rentré dans l'armée comme je l'espérais alors, qu'il peut être féroce d'insulter un subalterne sans savoir.

Maury, le brave cœur, comprit cela. « Venez, mon capitaine, me dit-il, je vous servirai de compagnie à moi tout seul, et nous allons lui montrer comme nous avons peur ! » Nous reprîmes notre course et allâmes nous mettre tous deux *en bataille* sur le mamelon que les chasseurs à pied avaient vaillamment défendu toute la journée ; un à un, nos hommes ralliaient : bientôt le bataillon y fut tout entier. Un obus passa en rugissant au-dessus de nos têtes et fut s'abattre, sans éclater, bien loin derrière nous. C'était l'adieu des Allemands en pleine retraite.

Quelques tirailleurs fusillaient encore ; à notre droite et tout près de nous, une batterie de quatre et une autre de mitrailleuses faisaient grand bruit, sans que nous pussions distinguer leur but ; on ne voyait, dans la vaste plaine que nous dominions, que quelques points noirs irrégulièrement semés çà et là, morts ou blessés ennemis.

Cependant un groupe de cavaliers sortit au grand galop d'un village, très loin sur notre gauche. Un obus partit de notre batterie; longtemps nous suivîmes sa bruyante trajectoire au-dessus de la plaine, et nous le vîmes éclater au milieu du goupe. Un cheval et un homme roulèrent, un autre cavalier s'arrêta, prit l'homme en croupe, et tout disparut à l'horizon.

Ce fut la fin du petit combat de Saint-Laurent-des-Bois. La mobile de Loir-et-Cher n'y reçut pas encore le baptême du feu, mais l'admirable entrain avec lequel elle avait fait 12 kilomètres au pas de course pour y prendre part était une garantie de ce qu'elle saurait faire.

Une ferme qui brûlait nous fut assignée comme cantonnement. Sur la route nous croisâmes une batterie de mitrailleuses; une cartouche était restée dans une pièce, et partit comme nous passions; un pauvre artilleur tomba, le pied fracassé. Un peu plus loin, nous vîmes un convoi de blessés bavarois, auxquels nos braves moblots tendirent leurs bidons de vin.

Nous étions là comme en grand'garde et nous

ne fîmes pas de tentes. Mais le bois ne manquait pas, on alluma de grands feux, et des monceaux de paille furent apportés des meules qui brûlaient.

Qui n'a gardé bon souvenir des causeries du feu de bivouac? C'est là que la vieille verve gauloise s'épanouissait à l'aise, et que rayonnait sur tous les visages, empourprés par la flamme, ce rire joyeux et bon dont parlent nos grands-pères, mais que ne connaît guère notre génération attristée et ennuyée. C'est là qu'on apprend, en quelques nuits, à se connaître à fond, et vraiment au feu de bivouac, les pieds grillés et le dos gelé, je n'ai jamais vu que de braves gens!

Mais un heure ou deux avant le jour, un froid glacial pénétrait jusqu'à la moelle des os, et quand le soleil pâle et blafard paraissait, colorant de tons livides le hideux paysage de Beauce, une invincible mélancolie s'emparait de tout être vivant. Alors les pauvres moblots commençaient à se plaindre et à jurer d'une façon sinistre, et jusqu'à ce que le jour fût tout à fait établi, nul n'aurait pu reconnaître les joyeux causeurs de la nuit.

Ce soir-là, nous rejoignit un excellent of-

ficier, M. Lacroix, nommé capitaine au bataillon. Je l'avais beaucoup connu employé des postes dans notre voisinage. Comme il avait longtemps servi aux chasseurs d'Afrique, j'écoutais
alors, avec l'attention d'un fanatique des choses
militaires, ses récits d'escarmouches contre les
Arabes. On eût bien singulièrement étonné le
fonctionnaire des postes et le propriétaire ru-
ral, devisant tranquillement au coin du feu ou
à la chasse aux lapins, de leur passé militaire
enterré à jamais, si on leur avait annoncé que,
quelques mois après, ils combattraient côte à
côte et seraient tous deux blessés dans une des
sanglantes batailles du siècle! Le souvenir de
nos paisibles causeries de naguère nous amu-
sait chaque fois que je retrouvais Lacroix pendant la guerre.

Il avait un nez assez long : à Loigny, une
balle lui en érafla le bout; or, dans son certificat
de blessure, on eut le malheur de se tromper
sur la place de la virgule décimale, et ce certificat atteste irréfutablement, aux générations
à venir, que Lacroix a perdu, sur le champ de
bataille de Loigny, onze *centimètres* de nez,
et il lui en reste encore bien assez!

Cette nuit encore, je pus constater toute la

puissance de l'imagination sur les sens. Un factionnaire me fit prévenir qu'on voyait au loin des feux s'agiter comme pour des signaux ; j'y fus avec Gendron, mon lieutenant, et nous vîmes, en effet, trois feux éloignés qui tantôt se rapprochaient, tantôt s'écartaient les uns des autres.

Très intrigué, je voulus du moins m'assurer que nous n'étions pas les dupes d'une illusion, et fis jalonner la direction de chaque feu avec des baguettes de fusil surmontées de mouchoirs blancs, visibles à la clarté des étoiles : malgré le témoignage *certain* de nos yeux à tous, les feux étaient parfaitement immobiles !

En tous cas, ils nous prouvaient le voisinage de l'ennemi, dont ils chauffaient, sans doute, les petits postes avancés, et renouvelèrent l'envie souvent conçue, plusieurs fois exprimée, sans que la permission m'en ait été donnée, de tenter, avec des volontaires de ma compagnie, une attaque de nuit.

Les Allemands me semblaient se mal garder : un combat à l'arme blanche sera toujours à l'avantage des Français, et la nuit noire est le seul moment où on puisse l'espérer, avec les armes modernes.

Dans la cour de la ferme trouée par les obus, et dont les meules de paille brûlaient toujours, il y avait une pompe, autour de laquelle nous nous réunîmes, au jour. Raoul et Julien de Saint-Venant tirèrent des filets d'excursionistes, qu'ils portaient en bandoulière, leurs trousses de toilette. Il y avait de tout, dans ces filets! Geofroy de Beaucorps, Gaston de Brisoult, Raoul de Flers et quelques autres acceptèrent, comme moi, leur gracieuse invitation de nous servir de leurs brosses et de leurs savons. Auprès de nous, le colonel de Montlaur s'occupait gravement à recoudre un de ses boutons. Cette paisible scène de famille, pleine de grâce champêtre, n'eut pas le don de plaire au fermier qui sortit furieux de ses décombres, menaçant de sa fourche quiconque toucherait à un baquet! La mauvaise humeur du pauvre diable était justifiée par les ravages du combat de la veille; mais nous en punir en nous privant de baquet était au moins sévère, ce que Raoul de Saint-Venant lui prouva, avec moins de calme que je ne le raconte, mais de façon à ce que rien ne vînt troubler nos ablutions matinales!

Du reste, l'horreur de la guerre n'est pas envisagée par tous de la même manière; ce fermier y voyait un baquet emprunté sans sa permission; la fermière de la Girardière, trois poires secouées par Rambourg. Bien plus tard, à Janville, lorsque je commençais à marcher, le Dr Lebel m'emmena un jour au café; à la table près de la nôtre causait un groupe de gros cultivateurs beaucerons.

« J'ai été voir Loigny, » dit l'un d'eux, « c'est affreux! » Je revis d'un seul coup d'œil ces mornes plaines glacées couvertes de cadavres raidis, inondées de sang que la terre gelée n'avait pu boire, et tous ces pauvres êtres, tous aimés et jeunes, tous brisés, défigurés, devenus des objets d'horreur... « C'est affreux, continuait mon Beauceron, ça fait pitié de voir ces pauvres blés, foulés qu'on n'en voit plus trace, et ces belles luzernes retournées par les obus!... » Hélas! hélas! disaient les autres consternés. « Est-ce qu'ils n'auraient pas pu passer à côté des emblaves? — Ils s'en f...... pas mal! Faudra remettre tout ça en avoine, en mars, et pas sûr que ça vienne? c'est horrible! C'est abominable cette guerre! »

Quant à la grande moisson sanglante encore couchée sur les sillons et fauchée par les obus et les balles, pas un mot de pitié pour elle! Ils n'a-

vaient pas volé la mort, après tout, ces animaux
qui .ne s'étaient pas détournés des blés sur le
champ de bataille! Quelle bête répugnante devient l'homme dominé par la matière! Ils n'a-
vaient cependant pas l'air méchants, ces êtres-
là, et peut-être leurs fils dormaient-ils aussi, du
grand sommeil, sur quelque sillon de blé lointain.

Vers midi, nous allâmes rejoindre toute la division à Saint-Laurent-des-Bois.

Le 75ᵉ mobile était moitié de la brigade
Bourdillon, de la division Jauréguiberry, 1ʳᵉ du
16ᵉ corps d'armée de la Loire.

On nous forma en ligne de bataillons serrés
en masse à distance de déploiement, et l'on nous
mit en marche, chaque bataillon précédé d'une
compagnie déployée en tirailleurs. Comme c'é-
tait la mienne qui éclairait le bataillon, je
marchais à deux ou trois cents mètres en avant
des colonnes, et en me retournant, je voyais notre
grande ligne de bataille qui s'avançait, et ondoyait dans la plaine nue, jusqu'à la limite de
l'horizon. C'était un spectacle grandiose que je
n'oublierai jamais.

Vers cinq heures du soir, après une marche assez pénible dans les terres labourées

et détrempées, nous vînmes camper au bord d'une route, près d'Ouzouer-le-Marché.

Sans que rien ne l'eût fait savoir, et par un de ces pressentiments que je n'ai jamais vus en défaut, nous savions tous, à n'en pas douter, que l'heure de la grande bataille, du grand *coup de chien*, comme disaient les moblots, était arrivée, et nous nous y préparions avec résolution et gaîté même. La proximité du gros bourg d'Ouzouer aidant, il y eut ce soir-là bombance chez nous. Sous la tente des officiers, appartenant au sous-lieutenant Besnard, qui m'y donnait l'hospitalité en attendant qu'une occasion me fût donnée d'en acheter une, nous mangeâmes une oie dont le souvenir devait nous nourrir trois jours.

Ouzouer était tout proche; un peu avant l'aube, j'y allai pour voir le curé, qui avait été longtemps celui de ma belle-mère; il avait baptisé ma femme et l'avait préparée à la première communion. C'était un saint vieillard, très simple, très tendre et très timide. Comme il ne me connaissait pas personnellement, son accueil me parut un peu froid, mais au moment où je partais, il ne put plus se contenir, et appuyant à deux mains ma tête sur sa poitrine, il s'écria:

« Pauvre petite Thérèse ! » et se prit à sangloter ! — Peut-être ces saintes larmes de vieillard,
coulant sur ma tête, au matin de ma première
bataille, en ont-elles écarté bien des dangers.

Comme je me hâtais de rentrer à la compagnie à travers le campement de la mobile de la
Sarthe, qui touchait au bourg, je fus hélé par
mon cousin de Montlibert, capitaine en ce brave
régiment qui devait quelques heures après, se
couvrir de gloire à l'assaut de Bacon. Il m'offrit un verre de rhum et nous échangeâmes
la plus cordiale poignée de mains en nous disant : « Au revoir... s'il plaît à Dieu ! »

Jusqu'au bout de l'horizon, tous les clairons
de tous les régiments sonnaient la marche, et
lentement sortait de la brume rouge d'une belle
aurore d'automne, le soleil du 9 novembre,
dont un si grand nombre ne devaient pas voir
le déclin.

Nous partîmes en colonnes de bataillons,
comme la veille.

Une interminable ligne de voitures d'ambulance, chacune garnie de son drapeau blanc
à croix rouge, était rangée sur une route que
nous longions. Les ambulanciers nous criaient
des encouragements dont nous n'avions pas

besoin; quelques-uns faisaient sauter des bouchons de champagne et buvaient à notre santé... Je trouvais que beaucoup de ces jeunes et robustes gaillards auraient bien pu porter le sac et le fusil, et que leur champagne eût été plus propice à notre santé que leurs toasts; mais après tout, c'était pour nous secourir qu'ils prenaient des forces. — Où donc étaient-ils, le jour de Loigny? Je n'en vis pas un seul!

Un peu plus loin, au bord de la même route, une vieille paysanne, à genoux sur la berge, récitait son chapelet en pleurant. Toute la douloureuse poésie de la guerre était en ce petit tableau vivant, si religieux et si triste, qui me fit répéter à part moi l'exclamation du curé d'Ouzouer : « Ma pauvre petite Thérèse! »

Le temps était magnifique; notre armée s'avançait à travers les champs égayés par un radieux soleil d'automne; les blés étaient d'un vert intense, et dans l'atmosphère calme et limpide, rien ne rompait le silence solennel de nos rangs, que le chant des alouettes montant vers le ciel bleu.

Vers midi, la voix du canon éclata soudain, non pas seulement par détonations distinctes,

mais en un roulement continu, formidable,
dont les grandes ondes sonores ondulaient depuis la petite batterie de quatre placée devant
nous, jusqu'au plus extrême lointain. Une
légère vapeur blanche s'éleva de l'horizon tout
ensoleillé formant comme un rideau de gaze
voilant l'ennemi; un obus vint en rugissant
s'abattre entre nos rangs, et éclater comme
un coup de tonnerre en nous couvrant de terre,
puis un second, puis un autre encore! Passant
devant le rang, je regardai mes gars, devenus
mes amis, en trois mois de vie commune.

Tous faisaient bonne contenance; quelques-
uns même souriaient, mais je dois convenir que
tous, officiers compris, étaient très pâles, moi
comme les autres sans doute. C'est une effrayante majesté, que celle du champ de bataille,
et ce n'est pas, quoi qu'on en puisse dire, sans
une poignante émotion qu'on l'aborde pour la
première fois; la vie paraît enviable, quand
on est sur le point de la quitter.

Nous avançions toujours; les obus arrivaient
maintenant d'une manière continue, régulière,
frôlant nos têtes dans leur vol bruyant et lourd,
labourant la terre et y creusant des fossés que
leur explosion remplissait de fumée, s'évaporant

lentement dans le calme absolu de l'atmosphère.

Bientôt à leur puissante clameur se joignit un petit sifflement, tantôt sec et strident, tantôt harmonieux et très doux, presque plaintif, celui des balles, que je ne reconnus pas tout de suite. Nous ne voyions pas l'ennemi.

On nous arrêta sur un plateau; nous étions en réserve, à l'extrême gauche de la ligne de bataille, derrière le hameau de Champs, sur lequel pleuvaient les obus allemands.

Nous n'avions rien à faire, qu'à regarder. De la bataille, nous ne pouvions reconnaître qu'une grande ligne de fumée blanche embrassant tout l'horizon à notre droite, et d'où s'élevait l'immense vacarme de la guerre moderne. Un peu à notre droite et en avant, une batterie de six petites pièces de quatre, dont nous voyions les innocents obus éclater à moitié chemin de l'ennemi, luttait, au moins pour soutenir le moral des troupes, contre l'artillerie allemande, dont les projectiles l'écrasaient.

Elle fut splendide, cette batterie, et son magnifique exemple fut, je crois, d'un grand effet sur l'attitude de nos mobiles.

A deux reprises, nous vîmes une de ses pièces, frappée de plein fouet par un obus, bondir en arrière et retomber démontée, inutile et brisée. Nous vîmes l'officier qui la commandait projeté, broyé, bien loin en arrière de son cheval, et un vieil adjudant à moustaches blanches, venir tranquillement se mettre juste à sa place. Puis, à la suite de l'effroyable ravage causé par un obus éclatant dans ses rangs, nous entendîmes la voix calme et sonore du vieil adjudant faire ce commandement qui, jadis, nous faisait rire, à Saint-Cyr : « Tous les servants de droite de la seconde pièce, manquez! » Trois hommes, alors, s'avancèrent pour remplacer les morts, et le feu continuait.

Soudain nous vîmes surgir, auprès de la batterie, un petit vieux assez mal assis sur un petit cheval alezan. Son manteau sans galons de grade et sa grande casquette à large visière lui donnaient l'air *de mon bon papa*, déclara Héron. Il était suivi d'un lieutenant de vaisseau en grande tenue; c'était l'amiral Jauréguiberry. S'il avait l'air peu militaire, il avait aussi l'air crânement indifférent aux projectiles qui pleuvaient autour de lui! Il fit déplacer la batterie, qui passa devant nous réduite à quatre pièces et à la moitié de son effectif. Un cri spontané de « Vive l'artillerie! » s'éleva de toutes nos poitrines. Le vieil adjudant salua gravement et passa.

Une compagnie de ligne évacuait Champs, qui n'était plus tenable, sous le feu convergent de toute l'artillerie de la droite ennemie. Leur retraite tendait à devenir une déroute. Le capitaine Schneider, de notre 7e compagnie, se rua sur eux et les remit en ordre à grands coups de trique. On en rit, au bataillon, et l'on en avait besoin, car pour notre baptême du feu nous subissions, et vaillamment, je puis le dire, une des plus dures épreuves de la guerre : recevoir tous les projectiles l'arme au pied, et sans bouger. Je passais devant le rang, disant un mot à chacun, tant pour les encourager que pour me remonter moi-même ; je rectifiais l'alignement par coquetterie militaire, lorsque je vis Lucas du village de Faye, en sortir brusquement et tomber en avant. « Qu'est-ce que c'est, mon ami? — Mon capitaine, je crois que je suis blessé à la jambe. » C'était le premier touché de la compagnie; que d'autres, hélas! devaient l'être encore! Je fis transporter Lucas à une ferme toute proche par deux camarades qui revinrent en courant, reprendre leur place dans le rang, Six tombèrent ainsi successivement. Les obus fouillaient la terre tout autour de nous, les balles bourdonnaient à nos oreilles, brisaient les piquets de tente, perçaient les gamelles sur les sacs, et de temps à autre entraient dans la chair vive avec un claquement mat, suivi de la chute d'un corps.

Avant de quitter la Girardière, j'avais dû infliger une très grosse punition, huit jours de prison, à un nommé Blanchard ; la faute était grave : une bordée de 24 heures. J'avais donc promis à Blanchard qu'il ferait ses huit jours complets dès que nous serions arrêtés quelque part. Comme je passais devant lui, je le vis soudain pâlir encore, puis, se mettant à rire, il releva sa manche et me tendit son bras : une balle y avait tracé un sillon sanglant depuis le poignet jusqu'au coude. « Mon capitaine, ceci vaut-il bien le reste de ma punition ?

— Bien sûr, mon petit gars, et bien au delà ! »

Le pauvre Blanchard, qui était couvreur, s'est tué en tombant d'un toit, à Paris.

Les heures s'écoulaient et nous étions toujours immobiles. Quand un homme tombait, on serrait les rangs et on rectifiait l'alignement. La bataille, dont nous recevions les éclaboussures, menait toujours grand bruit derrière le blanc rideau flottant à quelques mètres de hauteur au-dessus du sol, qui nous voilait l'horizon. L'ennemi restait invisible et nous ignorions absolument de quel côté penchait la victoire.

A la chute du jour, le général Bourdillon nous fit enfin marcher vers Champs. Le grand fracas de la bataille allait s'éteignant graduellement. Comme nous arrivions aux ruines du hameau, nous vîmes, dans la brume du soir, de grandes masses sombres en retraite ou en déroute, vers Saint-Péravy.

Alors la victoire apparut à tous les yeux, et une immense et triomphale acclamation s'éleva, toute vibrante, de tous les points de la plaine : « Vive la France! »

Ce fut un fol enthousiasme, une joie inénarrable! Notre première bataille était une des premières victoires de cette malheureuse guerre. Était-ce donc à nous autres, armée de la Loire, qu'était réservé de chasser l'étranger? Si seulement on nous avait lancés à la poursuite de l'ennemi en déroute! si même on nous avait tout simplement envoyés, nous qui n'avions rien fait de toute la journée, prendre les 40 pièces que les Allemands avaient abandonnées à mille ou douze cents mètres de nous! Mais non! On nous laissa longtemps nous morfondre à Champs, puis on nous fit *battre en retraite*, pendant que les Allemands, rassurés par notre immobilité, venaient ratteler et définitivement emmener les pièces, que nous devions retrouver devant nous.

La victoire de Coulmiers n'eut aucun résultat, et l'immense enthousiasme qui aurait pu produire de si grandes choses par la jeune armée de la Loire, vint tristement s'éteindre dans la boue, la fatigue et la faim.

Par une nuit noire, sous une pluie battante, le long de chemins atroces, affamés et exténués, on nous fit reculer de trois lieues, jusqu'à un hideux cloaque de boue visqueuse, sorte de marais nauséabond, dans lequel nous nous laissâmes tomber, à bout de forces. Cela s'appelait Poizeaux.

Lorsque je vis mes pauvres gars, doublement chers depuis que je les avais reconnus si braves, à peu près à l'abri sous leurs tentes dressées dans vingt centimètres de fange, et installés à grignoter les biscuits de réserve de leurs sacs, je me mis en quête de quelque chose pour moi. Dans une cabane vide, je découvris sur une poutre un petit fromage de chèvre. Ne pouvant trouver le propriétaire, que j'attendis longtemps, je remarquai de mon mieux la cabane, pour payer le fromage le lendemain, et retournai au camp, tout en dévorant mon larcin, sans pain ni biscuit, bien entendu, puisqu'il m'avait été impossible d'en trouver un atome. Bien mal acquis ne profite pas : cinq minutes après avoir avalé mon fromage, j'étais aussi absolument à jeun depuis 24 heures qu'avant de l'avoir mangé. Un brave moblot, témoin de ma détresse, me donna un petit morceau de biscuit, tout ce qui lui en restait.

Comme je traversais le camp, la voix gaillarde et gaie d'Héron retentit à l'entrée d'une tente, presque sous la boue : « Mon capitaine, où allez-vous coucher? — Ma foi, je n'en sais rien! » Et c'était bien vrai, car je ne voulais pas aller au village pendant que mes hommes étaient si mal. « J'ai encore une chambre de rez-de-chaussée à louer dans mon garni. — Merci, mon ami, très volontiers, » et j'entrai à quatre pattes sous la petite tente-abri, moi sixième. Mes braves gars me prêtèrent un sac comme oreiller. Il faisait chaud, là-dessous, et la boue gluante, mais sans pierres, de la Beauce, n'est pas une couche absolument mauvaise, quand elle est attiédie; pourvu que personne ne remue, on n'est pas mal. Héron continuait son boniment. « Ni tapis ni gaz, c'est plus hygiénique; de l'eau à discrétion à tous les étages, et prix très modérés. Parlez au concierge! » Il était ravi, le brave garçon, parce qu'une balle avait troué son petit guidon, et sa verve était intarissable ; mais je ne tardai pas à m'endormir profondément.

La pluie tomba jusqu'au jour. A l'aube, toute la Beauce n'était plus qu'un marais gris, miroitant aux froids rayons du soleil levant. Une interminable ligne de fantassins défilaient lentement, un à un. Les premiers avaient déjà disparu dans l'éloignement, les derniers n'étaient pas encore émergés du brouillard.

Chaque homme marchait pesamment à deux pas derrière l'autre, détachant péniblement chacun de ses pieds de la boue collante, le fusil en bandoulière, en travers de la poitrine, le dos courbé sous le sac, la capote toute maculée de fange, la doublure du képi rabattue comme une guenille sur les oreilles.

Toute cette procession, se détachant sur l'orbe d'un jaune terne du soleil levant, avait un air si profondément triste, si absolument découragé que j'ai rarement rien vu de plus douloureux ; étions-nous bien au lendemain d'une victoire ?

Un peloton de cavalerie se préparait, près de nous, à partir en reconnaissance. Une telle couche de boue couvrait hommes et bêtes depuis le sommet des képis jusqu'aux sabots des chevaux qu'il eût été impossible de reconnaître leur arme. Mais, en revanche, le petit sous-lieutenant tout jeune, qui les commandait, blond, rose et frisé comme un chérubin, était aussi propre que pour aller au bal ; ses gants blancs, surtout, me fascinaient, et bien des années après, je fus heureux de pouvoir com-plimenter sur sa jolie tenue de ce matin-là, le sous-lieutenant devenu le commandant de la Chaise.

Les pauvres mobiles erraient affamés, cher-chant à acheter n'importe quoi à manger. Je trouvai presque toute la compagnie à l'entrée d'une ferme. Les pauvres gars s'étaient ar-rangés entre eux, et, réunissant leurs petites économies, ils venaient, argent en main, de-mander à acheter, n'importe à quel prix, quel-ques-unes des poules qui remplissaient la cour.

Le fermier les repoussait brutalement. « Si je vous vends mes poules, qu'est-ce qui me restera à donner aux Prussiens quand ils reviendront? »

C'était trop fort! Recevoir ainsi nos pauvres gars qui mouraient de faim, nos héros de la veille venant acheter honnêtement ce qu'ils étaient en force pour prendre! L'indignation me suggéra une action peut-être mauvaise, mais qui ne m'a jamais causé de remords. Après m'être assuré qu'il n'y avait là que des hommes de ma compagnie, j'appelai tous les gradés, sous-officiers et caporaux, et leur commandai de s'éloigner pendant dix minutes. Je partis moi-même, et ne voulus jamais savoir ce qui s'était passé ensuite; mais j'ai tout lieu de croire que les transactions commerciales ont dû s'effectuer très facilement, sans grever trop lourdement le petit budget des moblots!

Peu après, et, au moment où Gendron venait de découvrir une maison où l'on s'engageait à nous fournir à prix d'or quelque chose à nous mettre sous la dent, le refrain du régiment nous rappela brusquement au camp; nous partions.

En un instant les tentes furent démontées et roulées sur les sacs. Les moblots, encore peu exercés, s'y prenaient assez maladroitement, et je les excitais à se hâter en termes un peu... militaires, lorsqu'une voix grave dit, derrière moi : « Voilà un capitaine de mobile mal embouché ! » C'était encore le général Chanzy, dont le cheval me soufflait presque sur la nuque ! Décidément, je n'avais pas de chance dans mes rencontres avec lui ! Mais cette fois, son observation était si juste que je me mis à rire, et il en fit autant, tout en s'éloignant.

Quelle chose bizarre que l'extrême difficulté de commander à des hommes dans le langage auquel on est habitué ! Il a fallu plus d'un an, à la plupart d'entre nous, et je parle des plus réservés et des mieux élevés, pour reprendre complètement, après la guerre, les allures de jadis, et cesser d'étonner, de temps en temps, nos familles par des expressions auxquelles elles étaient absolument étrangères !

Ce fut une cruelle journée, que celle du 10 novembre ! Ma compagnie était la dernière de la colonne, qui s'allongeait indéfiniment ; nous ne marchions que par saccades. Brusquement arrêtés à chaque instant, il fallait ensuite courir, pour regagner l'espace perdu, courir enfoncés jusqu'aux genoux dans la vase collante triturée par le passage de la cavalerie, de l'artillerie et de l'infanterie, où, pour trois pas en avant, on en glissait deux en arrière, où chaque pied ne s'obtenait qu'au prix d'efforts vigoureux du corps entier, et chargé de huit ou dix kilogrammes de l'infâme mixture.

La faim, le froid, la neige ou la pluie ne sont rien en comparaison de la boue, pour torturer le soldat. Et nous en eûmes, ce jour-là ! Au bout d'une heure, nous n'étions plus que des masses informes de fange : vêtements, coiffures, armes, munitions, tout n'était plus qu'un amalgame de boue. Je ne parle pas des chaussures; ce que nous traînions lourdement à nos pieds endoloris ne méritait plus ce nom. Nul ne songeait plus à la faim. Peut-être une bonne pipe eût-elle fait du bien, mais le moyen d'obtenir du feu? Allumettes, amadou ou tabac, tout était embourbé. J'ignore la durée de cette abominable étape; nous allions comme des machines, n'ayant plus conscience du temps.

Enfin nous arrivâmes à une route, une vraie route, où le pied trouvait le solide, sous dix ou douze centimètres de fange. Un peu d'espoir revint au cœur; quelques vaillants entonnèrent même les couplets d'Onzain. Çà et là gisaient des chevaux tués la veille par nos obus, et les prévoyants en détachaient de larges tranches avec leurs couteaux. Pendant toute cette marche, je fus surpris de l'air fatigué et souffrant du commandant Sampayo, si brillant la veille à Coulmiers, et qui semblait, maintenant, avoir peine à se tenir à cheval.

A Saint-Péravy, nous tournâmes à gauche, abandonnant la route d'Orléans pour celle de Patay. Était-ce donc là que nous allions? Des souliers neufs, du linge sec, du feu, un restaurant peut-être, quels rêves!

Après avoir fait une lieue sur cette route, sous des rafales violentes de neige et de pluie glacée, après avoir regardé tristement trois cadavres bavarois qui gisaient dans les fossés, déjà dépouillés de leur chaussures, après maints temps d'arrêt bien plus fatigants que la marche, nous abandonnâmes encore la route de Patay, dont nous allions atteindre les premières maisons.

Les énergies les plus robustes commençaient à fléchir, lorsqu'à la nuit nous arrivâmes à un petit village appelé Villardu. Nous marchions depuis deux jours sans manger, mais la fatigue dominait la faim. On dressa les tentes à la hâte, toujours dans la boue, et presque tous les hommes allèrent se jeter dans les granges du hameau, sans que les officiers eussent le courage de les en empêcher.

Héron m'offrit encore l'hospitalité de son *garni*, une chambre à feu, un peu petite, disait-il, mais si confortable!

Quelle nuit! Il y avait au moins cinq à six centimètres d'eau sous la tente, eau de neige fondue, à la température de 0°. La neige, fouettée par le vent, pénétrait sous la toile, dans le cou, sur la figure; quand une oreille en était remplie, on se retournait pour la vider, et cependant, la fatigue était telle, que je m'endormis profondément.

Au jour, les hommes purent enfin faire leur soupe et la manger, sous une pluie diluvienne. C'est là que firent merveille les poules de Poiseaux et les quartiers de cheval récoltés en route!

Je trouvai, dans le village, un groupe de mes camarades du premier bataillon, plus avisés et débrouillards que moi, attablés autour d'une bonne soupe fumante dont ils m'offrirent une part, acceptée avec une reconnaissance infinie; c'était le 11 au matin, et j'étais à jeun depuis le

8 au soir, sauf le petit fromage, qui n'avait fait que passer.

Réellement, je n'avais plus aussi faim que le premier jour de disette, et j'avoue, à ma honte, que je souffrais plus de la privation de fumer, ma provision de tabac étant épuisée. Est-il permis de se créer ainsi d'impérieux besoins artificiels? Néanmoins, l'assiette de soupe de mon excellent ami Robert de Beaucorps me fit grand plaisir, ainsi que le croûton de pain que je pus acquérir je ne sais où!

Mes camarades, voire même mes chefs, m'ont souvent plaisanté de ces excès de privations et de fatigues. J'aurais pu, comme eux, me procurer à manger, et coucher sinon dans un lit, tout au moins à l'abri et au sec; un officier, me disaient-ils, doit avant tout se ménager, dans l'intérêt même de sa troupe. Peut-être avaient-ils raison et aurais-je fait comme eux, si j'avais commandé une compagnie de vieux soldats, munis de cadres sérieux et aguerris? Mais dans la mobile, nous n'avions rien de tout cela; je savais parfaitement que le seul mode d'action que nous eussions sur nos hommes était l'estime, mieux encore, l'affection que nous leur inspirions, et je savais que

rien n'était plus propre à la conquérir que de
partager toutes leurs souffrances sans exception. Je suis sûr que pas un d'entre eux n'a
encore oublié, après vingt ans écoulés, que je
n'ai jamais mangé la moindre croûte de pain
avant d'avoir assuré la subsistance de mes gars,
que je n'ai jamais couché sous un toit lorsque
la compagnie était sous la tente, même lorsque,
comme à Villardu, où l'on était dans l'eau,
j'avais fait semblant de ne pas m'apercevoir que
les trois quarts de mes gaillards s'étaient défi-
lés dans des granges. Aussi, jamais ni leur
dévouement ni leur obéissance ne m'ont fait
défaut et si, comme nous le pensions alors,
nous avions dû commencer une longue période
de guerre, tout récents que fussent encore mes
souvenirs de la vieille armée active, je n'eusse
certainement pas souhaité de commander une
autre troupe que mes pauvres petits soldats
de trois mois, mes chers et vaillants moblots de
la 8ᵉ compagnie du 2ᵉ bataillon de Loir-et-Cher,
absolument certain que j'étais qu'ils m'auraient suivi n'importe où j'aurais dû les conduire, fût-ce au milieu de l'armée allemande,
eussent-ils dû y tomber tous jusqu'au dernier.
Je crois que le premier élément de force d'une

troupe est la confiance réciproque entre le chef et les hommes; nous avions su l'obtenir, dans ma compagnie, et ce résultat valait bien quelques jours sans manger et quelques nuits dans l'eau. Je ne saurais, d'ailleurs, me rappeler sans une profonde émotion quelques témoignages d'affection de mes hommes, qui m'ont récompensé, et bien au delà, de ces mauvais moments que j'aurais, à la rigueur, pu m'éviter.

Encore une cruelle journée de marche! Nous refîmes, en sens inverse, sous la pluie et la neige tombant tour à tour, la route de la veille jusqu'à Saint-Péravy, passant de nouveau à côté des cadavres bavarois que des gens bien avisés avaient dépouillés complètement. L'aspect de ces grands corps blancs étendus sur la neige était horrible! L'un d'eux, qui semblait dormir, me parut ressembler à mon plus jeune frère, le hussard, dont il avait les cheveux blonds. Ne gisaient-ils pas aussi dans quelque fossé, mes trois frères, que je savais tous sous les armes, sans en avoir aucune nouvelle?

Notre troupe avait un aspect bien étrange! On avait distribué à nos hommes des couvertures d'écurie aux couleurs les plus vives et les plus bariolées, et c'était, à coup sûr, le meilleur des effets qu'on leur eût donné. Ils se drapaient très adroitement là dedans. De leur figure ne paraissaient que les yeux et le bout du nez; une ficelle serrée autour du cou dessinait la forme de la tête; le ceinturon fixait la couverture autour de la taille; le sac et tout l'attirail de campement, toiles et piquets de tentes, gamelles et marmites, et le remington surmontant le tout, empêchaient seuls de les prendre pour de vieilles Écossaises drapées dans leurs plaids.

Les officiers avaient tous des tenues plus ou moins fantaisistes. A part le képi et le pantalon bleu à bande rouge, aucun d'eux ne portait plus rien de l'uniforme réglementaire; les chauds vêtements des chasses d'hiver, très surpris de porter des galons de grade, et les manteaux les plus disparates, les distinguaient seuls des hommes qui, eux-mêmes, avaient à peu près la tenue qu'ils voulaient, sous leur couverture. Mais la plus étrange figure était, à coup sûr, celle du capitaine Schneider, de la 7ᵉ compagnie, un vieil Alsacien, ancien adjudant de cavalerie en retraite, capitaine de mobile à Strasbourg, évadé après la capitulation, et arrivé à notre régiment je ne sais trop comment. Le père

Schneider avait une espèce de grande houppelande qui lui tombait jusqu'aux pieds avec un capuchon rabattu sur les yeux. Pour fixer ce capuchon, il l'entourait d'un vaste mouchoir rouge noué sous le menton, et dont les pointes lui retombaient par derrière jusqu'au milieu du dos. Il marchait toujours appuyé, comme un orang-outang, sur un bâton de six pieds de long, qui lui avait servi, à Coulmiers, à rallier une compagnie d'infanterie en déroute : aussi les mobiles l'appelaient-ils *le père La Trique*. Par derrière, c'était une vieille sorcière de Macbeth, mais par devant, quand sa grosse moustache noire et sa figure rébarbative et austère de vieux soldat taciturne paraissaient encadrées dans le fichu rouge, on avait peine à garder le sérieux. Pauvre père Schneider ! J'aurais encore plus de peine à en rire, car nous étions très bien ensemble, et je ne puis ne pas penser à sa glorieuse mort, à Loigny, survenue avant que j'aie pu me réconcilier d'une petite brouille arrivée la veille entre nous.

Que de fois j'ai regretté que les maîtres modernes qui illustrent avec tant de talent les souvenirs de la guerre de 70, les Neuville, les Detaille, les Grolleron, les Berne-Bellecour, n'aient pas assisté à quelques-unes de nos marches ou de nos batailles ! Quel cachet de vérité et quel pittoresque prêteraient à leurs belles œuvres ces étranges costumes substitués aux tenues correctes, mais conventionnelles, de leurs personnages !

Après Saint-Péravy, on nous fit tourner à gauche, sur la route d'Orléans, et, trois kilomètres plus loin, camper dans un marécage, près de quelques maisons qui s'appelaient le Clos-Aubry.

Encore une triste nuit, mais le lendemain, grande volupté ! les invalides que nous avions laissés à la garde des bagages à Saint-Léonard, en partant pour Saint-Laurent-des-Bois, nous rejoignirent enfin. Ce fut avec un véritable transport de joie que je tirai de ma valise retrouvée, linge et chaussures secs : mais une rude corvée servit de revers à la médaille !

Le commandant Sampayo me fit appeler à Clos-Aubry ; je le trouvai horriblement changé et tout affaissé. Il me donna ordre de parcourir les huit compagnies du bataillon, de dresser un état de tous les effets inutiles que chacune d'elles traînait à sa suite, de réquisitionner les voitures nécessaires, et d'expédier le tout à Blois, où était notre dépôt.

Pour faire comprendre ce qu'était un tel travail, il faudrait publier l'état du formidable et étrange bagage traîné à sa suite par chaque compagnie, ayant gardé tous les envois étonnants reçus pendant la période de formation.

J'avais, pour ma part, quatre caisses énormes de souliers *pointure de fillette* et deux caisses au moins de petites gibernes en cuir verni, *article jouet d'enfants;* d'autres compagnies avaient, dans leurs bagages, tous leurs vieux fusils à baguette; toutes, des munitions inutiles pour nos remington, des toiles de tente et des havresacs en trop; que sais-je encore? Peut-être des articles de mode pour dames, ou des instruments agricoles? Quand je retournai le soir voir le commandant pour lui rendre compte, je n'avais encore pu faire que quatre compagnies, et j'avais dû trouver, réquisitionner et expédier dix grandes voitures chargées!

Le pauvre commandant me tendit la main. « Pardonnez-moi de vous avoir donné toute cette peine, j'aurais dû faire ça avec vous, mais je suis si malade! Je pars tout à l'heure, je n'en puis plus! Au revoir, mon ami! »

Nous nous donnâmes la plus cordiale et affectueuse poignée de main. Quelques jours après, nous apprenions qu'il était mort presque aussitôt arrivé à Vendôme, de l'affreuse petite vérole noire, qui fit, hélas! tant de ravages dans notre armée.

La mort de cet excellent officier fut un vrai deuil et à tous égards une perte immense pour notre régiment; nous l'avions connu juste assez pour apprécier son expérience et son esprit militaire, qui nous eussent été bien utiles à tous.

Le capitaine de Terras, commandant la 6ᵉ compagnie, mon voisin dans le Perche, ancien lieutenant d'état-major, fut nommé chef de bataillon à la place du commandant Sampayo.

Cette promotion me fit le plus ancien capitaine du bataillon, étant le seul ayant servi comme officier dans l'armée active. Je dus à cette circonstance de commander un instant le bataillon, à la bataille de Loigny, lorsque Terras fut blessé, et d'être loin de ma chère compagnie, ce que j'ai toujours regretté, lorsque je fus blessé à mon tour.

A Clos-Aubry, j'achetai une tente et un grand sac en peau de mouton, dans lequel j'entrais tout entier, pour me coucher. Pendant les premières nuits, j'avais reçu l'hospitalité de Besnard, mon sous-lieutenant, et de sa jolie chienne épagneule, Mirza, qui nous tenait chaud aux pieds. C'est pendant ce temps qu'un coup de vent renversa la tente et nous ensevelit tous trois sous la toile mouillée, dont nous eûmes grand'peine à nous dégager. Pauvre Mirza! Elle aussi devait mourir au champ d'honneur!

La vie de camp était assez douce. Dès quatre ou cinq heures du matin, j'étais réveillé par les bavardages des mobiles qui sortaient de leurs tentes pour allumer les feux de cuisine. Leurs conversations m'arrivaient à travers la toile, et je ne pouvais, parfois, m'empêcher de rire tout seul de leurs saillies, de leurs appréciations sur la guerre, sur leurs officiers, sur toutes choses. Ils étaient rudement éprouvés par la maladie, les pauvres gars, par la petite vérole et la diarrhée, surtout, et chaque matin plus de soixante hommes quittaient le camp pour l'hôpital; mais il était bien rare que j'entendisse venir d'eux quelqu'une de ces paroles de découragement navrant dont étaient si prodigues les rappelés des régiments de marche.

Lorsque le réveil était sonné, j'allais causer avec mes hommes autour des feux d'escouades où bouillaient, deux par deux, les grandes marmites de fer-blanc. Un matin, je m'y endormis profondément, assis sur un fagot, le nez au feu; il pleuvait et neigeait à la fois. Je m'éveillai sous un bon abri de branchages, que des mobiles avaient établi au-dessus de ma tête avec des précautions infinies, pour me garantir sans troubler mon sommeil. Je cite ce trait, dont le souvenir m'émeut encore à vingt ans de distance, pour montrer que nous n'étions plus au jour où ils avaient failli me jeter à l'eau, dans la cour du quartier de Vendôme.

Quand le lieutenant Gendron paraissait à son tour, nous buvions une forte goutte... il était appelé, par sa haute compétence, à la direction de ce département délicat, mais j'exigeais que le dépôt en restât sous ma tente, où, d'ailleurs, nous prenions nos repas. A l'appel du cuisinier, nous allions, Gendron, Besnard, le sergent-major Duchampt et moi, nous asseoir autour d'une gamelle où fumaient quatre énormes beafteaks, faits avec la viande, d'ailleurs très bonne, qui nous était distribuée chaque jour. A vrai dire, le pain était un peu moisi, mais le café excellent, et nous en avions une pleine marmite. En somme, ces repas sous le pouce étaient très suffisants. Plus tard, nous fîmes venir d'Orléans tout un service en étain : il nous arriva juste le jour du départ, et ne nous a jamais servi.

Les premiers jours, le tabac manquait absolument; je m'en plaignais amèrement devant un groupe d'officiers à Clos-Aubry, où ils logeaient presque tous; leurs gémissements faisaient écho aux miens. Comme je m'en revenais au camp, l'un d'eux qui y logeait aussi, l'excellent capitaine Morin, de la 4ᵉ compagnie, sortit avec moi, et me prenant le bras, il me dit d'un ton solennel : « Maricourt! je vous tiens pour un homme d'honneur! — Merci, mon ami, de cette opinion, que je partage. — Quoi que je puisse vous montrer, jurez-moi que vous n'en direz mot à personne? — Vous m'effrayez, mais je jure! » Nous arrivions à sa tente. Dans une cachette habilement dissimulée, il me fit voir une énorme provision de tabac, et remplit ma grande blague! Je me confondais en remerciements. « Silence! me dit-il, un mot indiscret, et dans une heure, il ne me resterait plus une pipe à fumer! »

Quel brave homme que ce Morin! Il me semble le voir encore dans la rue de Saint-Péravy, sa bonne tête grise de vieux soldat découverte, et tenant à deux mains son képi plein d'avoine, prise je ne sais où, courant pour aller adoucir l'agonie d'un pauvre cheval abandonné! Le lendemain, je le rencontrai encore dans la rue boueuse de Saint-Péravy, mais cette fois, il se rengorgeait fièrement, car il donnait le bras à sa jolie petite femme, presque une enfant, venue pour le voir. Elle sautillait gentiment et gaîment dans toute cette boue, paraissant trouver très amusant tout ce tohu-bohu d'une armée concentrée. Trois ou quatre jours après, elle était veuve, la joyeuse et jolie petite femme du bon capitaine Morin, bravement tombé à la prise de Faverolles. Quelques semaines après, elle mourait aussi, le cœur brisé.

Dans l'après-midi, ceux d'entre nous qui n'étaient pas de service ou de corvée allaient à l'exercice, quand le temps le permettait. Nous faisions de l'école de bataillon ou de régiment; chacun faisait de son mieux, mais je dois avouer, tout bas, que ceux des officiers qui n'avaient servi que dans la cavalerie ou pas servi du tout, traitaient les manœuvres et les commandements d'une façon bien amusante pour de vieux fantassins comme Gendron et moi! Le plus drôle, c'est que, tout ahuris par la haute fantaisie qui présidait tant aux commandements qu'à l'exécution des mouvements, et singulièrement gênés par les souvenirs de la théorie que nous étions à peu près seuls à avoir connue et exécutée, nous arrivions toujours les derniers, quand nous arrivions, et la 8e compagnie, la plus instruite et la meilleure manœuvrière du régiment, sans aucune comparaison possible, ne brillait pas, dans ces bizarres manœuvres, qui avaient surtout pour but d'occuper les hommes!

Une corvée pénible était celle de la viande, pour laquelle on commandait, chaque jour, un capitaine par régiment; l'abattoir, en plein vent, à deux ou trois kilomètres du camp, était hideux à voir. Au milieu des montagnes de viande et des détritus de toutes sortes, trônait un petit homme à l'air très important, qui présidait aux distributions; je le retrouvai bien plus tard dans des circonstances amusantes. Derrière cet affreux charnier l'immense troupeau de grands bœufs qui l'alimentait, gardé

par des bergers en culottes rouges, donnait
une note champêtre à l'arrière-plan de la scène.

Le soir, il y avait souvent assez nombreuse
réunion dans ma tente, où l'on parlait beaux-
arts, littérature, de tout excepté de la guerre
et du service. Raoul et Julien de Saint-Venant
y venaient quelquefois de Clos-Aubry, ainsi
qu'Odon et Henri de Meckenheim. Un des fidèles,
car il demeurait au camp comme nous, était
le sergent Lelong, de la 5ᵉ compagnie, fort
gentil garçon, très gai et très instruit, qui
appelait ma tente le *salon littéraire* de la mobile.

Vers le 20 novembre, on nous rapprocha de
Saint-Péravy, et ma compagnie fut détachée en
avant, sur la route de Patay, près d'une batterie installée sur la hauteur. Ce fut avec bonheur que nous quittâmes les marécages de Clos-
Aubry pour le terrain sec du Mesnil, où nous
étions très bien. D'ailleurs le bourg étant tout
près, j'y louai une chambre chez un brave
homme de menuisier, non pour y coucher, mais
pour y prendre nos repas.

C'était tout petit, mais si bon de s'asseoir au
sec et de manger à une table! J'y installai nos
deux cuisiniers et un solide gaillard : ce n'était

pas de trop pour défendre notre immeuble contre ses nombreux envieux!... Saint-Péravy était alors une fourmilière où grouillaient quarante mille hommes!

Le général en chef demeurait au château, et chaque jour, un régiment à tour de rôle lui fournissait une garde d'honneur. Depuis longtemps nous demandions des capotes d'infanterie pour nos hommes, dont les ignobles vareuses étaient en guenilles, et qui seraient tous morts de froid sans les gilets de tricot, assez bons, qu'on leur avait récemment distribués, et sans leurs couvertures; notre demande était restée sans écho. Lorsque ce fut notre tour de fournir la garde d'honneur, le colonel de Montlaur eut une vraie inspiration : il commanda à chacun des 24 capitaines de lui fournir les quatre hommes les plus en lambeaux de sa compagnie, et confia le commandement du détachement à un officier très intelligent; je crois que c'était Miron de l'Espinay. J'eus la curiosité d'aller voir cette garde d'honneur : c'était absolument inénarrable! Jamais Calot n'a rêvé guenilles, haillons et loqueteux pareils!

Quand l'amiral sortit et vit cette cour des miracles fort bien alignée, très correctement au port d'armes et commandée par un officier irréprochable, il s'arrêta stupéfait. « D'où diable sortent tous ces *salots*-là? — Monsieur l'amiral, c'est la mobile de Loir-et-Cher. — Ah! ça ne m'étonne pas! »

Dès le lendemain, nous recevions vingt capotes d'infanterie par compagnie et peu après, tous nos hommes en avaient.

Quelques jours plus tard, j'eus l'honneur de représenter la mobile dans une commission d'officiers de toutes armes chargée de choisir un modèle de pelle et de pioche à donner aux soldats. Je réclamai instamment le modèle le plus léger pour les hommes déjà si chargés, dût-on donner vingt outils par compagnie, au lieu de six qu'on réclamait. « Mais, me répondit un officier du génie, ce petit modèle, suffisant en France, ne saurait nous être d'aucune utilité dans des montagnes très rocailleuses, comme le Fichstelgebirge, par exemple. » Cette outrecuidance me parut drôle. « Bast! répondis-je, quand nous serons au Fichstelgebirge nous réquisitionnerons des outils du pays et nous ferons travailler les vaincus, mais pour y arriver, n'écrasons pas nos hommes en route! »

Mon opinion prévalut, et je m'en revenais

gaiement au camp le long de la route, lorsque
je vis venir au grand trot un brillant général,
entouré d'un nombreux état-major tout doré.
Moi, pauvre petit capitaine de moblots, je me
rangeai sur le talus pour n'être pas écrasé, et
les talons joints, je fis le salut le plus correct.
À ma grande surprise le général s'arrêta tout
court en s'écriant : « Par exemple ! c'est toi,
Maricourt ? » Tout l'état-major s'était arrêté.
« Dame, mon général, je suis bien moi,
mais...

— Comment, tu ne me reconnais pas ? Cherche bien !... Au vieux bahut ?... »

J'y étais de moins en moins ! Les plus avancés de mes camarades devaient être lieutenants. « Regarde-moi bien ?... Lipowsky ! » Je
fus stupéfait.

« Comment, c'était toi, Châteaudun ? » Le
nom de Lipowsky, alors tout rayonnant de
gloire, m'avait bien frappé comme celui d'un
de mes camarades, mais jamais je n'avais pensé
que le défenseur de Châteaudun pût être le petit
Lipowsky, très gentil, un peu timide, avec lequel
j'avais eu d'excellents rapports à Saint-Cyr !

Le jeune général descendit de cheval, fut avec
moi aussi affectueux, aussi peu poseur que pos-

sible et me fit promettre d'aller lui demander à déjeuner à Patay, qu'il occupait avec trois ou quatre mille francs-tireurs de tous plumages, commandement difficile qu'il exerçait avec la plus rare énergie. Nous nous séparâmes avec force poignées de main et en nous disant : A bientôt! Pauvre Lipowsky, je ne l'ai jamais revu. Que ne puis-je ajouter, comme pour tant d'autres que rencontre mon récit : Il fut tué tel jour !

Je fus à Patay pour le voir ; il était en reconnaissance. Un groupe de ses officiers supérieurs, parmi lesquels le trop célèbre La Cécilia, de la Commune, et le commandant des francs-tireurs de la Gironde, au charmant costume gris et vert, me reçurent d'une façon très cordiale, et m'emmenèrent au café, ce qui ne m'était pas arrivé depuis longtemps. En m'en allant, je remarquai la ravissante cantinière blonde de ces francs-tireurs de la Gironde, tous fils de riches commerçants et armateurs bordelais, qui ne se refusaient aucun luxe, pas même celui de deux petites pièces de montagne.

On ne saurait imaginer, sans l'avoir vu, ce qu'était alors la fourmilière boueuse de Saint-

Péravy, dans laquelle s'agitaient, comme les atomes vivants révélés par le microscope dans une goutte d'eau croupie, tous les éléments divers dont se compose une armée, fantassins, cavaliers, artilleurs, moblots, gendarmes, francs-tireurs de toutes nuances, troupes d'administration, infirmiers, tringlots, voituriers requis et embrigadés, le tout allant, pressé et affairé, à pied, à cheval, en voiture, dans une confusion complète, parfois rompue par le passage régulier d'une troupe en armes. Quand c'étaient les mobiles du Gers qui passaient, chacun s'arrêtait pour les voir et les entendre. Ils étaient bien pittoresques, ces Gascons, qui furent, en outre, très braves. Un grand nombre de leurs officiers étaient à cheval. Tous chantaient, avec les voix admirables du Midi, des mélodies populaires en patois ; du haut de son cheval, l'officier entonnait, toute la troupe continuait en parties. Ces officiers montés, cette troupe à l'aspect assez étrange, ces chants superbes en langue inconnue, le tout était d'un effet saisissant, et me faisait toujours penser aux armées féodales, à Taillefer *qui mult bien cantoit* la chanson de Rolland au matin d'Hastings.

Atome de ce tourbillon, m'agitant, pensant,
et souffrant avec lui, sans le temps d'avoir
ni une idée, ni un sentiment personnel, ni
un retour vers le passé, je m'étais tellement
identifié avec ma position actuelle, avec les
devoirs qu'elle me créait, qu'une autre indivi-
dualité s'était faite en moi, et l'énorme différence entre l'être réel et l'être artificiel, si je
puis ainsi m'exprimer, me fut révélée un matin
où j'entrai à l'église, ce que je n'avais pu faire
depuis longtemps.

Un aumônier disait la messe, les bancs étaient
presque vides; la solitude et le silence me causèrent une étrange émotion, à travers laquelle
toute ma vie calme de jadis m'apparut comme le
souvenir d'une chose rejetée dans un énorme lointain, reléguée dans un incommensurable passé.
Je revis nettement, mais comme en un tableau
adouci par les siècles écoulés, toutes les choses
d'autrefois, depuis les scènes de ma petite enfance jusqu'au joyeux baptême de ma petite fille;
je les revis sans tristesse, avec un calme et une
douceur infinie qui me rappelèrent cette page
du ciel peinte par Fra Angelico, et je crus comprendre ce que serait le bonheur du Paradis
après les agitations de la vie.

Je suis plusieurs fois retourné depuis dans cette petite église de Saint-Péravy, mais je n'y ai jamais retrouvé l'étrange impression de ce matin-là, malgré la puissante émotion que me causait toujours le salut du soir. L'église était alors, comme le dimanche à la messe, remplie d'officiers et soldats de toutes armes; un officier tenait l'orgue, des hussards servaient d'enfants de chœur; sacristains et bedeau étaient en tenue, et quand toutes ces voix mâles entonnaient à faire trembler les voûtes le cantique à *Notre-Dame de la Victoire*, composé après Coulmiers, c'était si beau que je vis un soir, sangloter mon brave Gendron, que, certes, je n'aurais pas cru susceptible d'une telle émotion.

Certain jour, après une reconnaissance pendant laquelle nous avions entendu le canon, je vis rapporter un pauvre petit maréchal des logis du 7e hussards dans une toile de tente. C'était le régiment de mon plus jeune frère, et j'ignorais absolument s'il était à l'armée ou au dépôt, à Castres. Je connaissais le *commandant en chef* des charretiers réquisitionnés; c'était le premier cocher d'un château du Vendômois; il avait plusieurs chevaux superbes à sa disposition et portait un très brillant uniforme. Il eut

6.

l'obligeance de chercher mon frère dans toute l'armée, ce qui n'était pas facile, et de m'apprendre qu'il était encore à Castres et venait d'être nommé sous-officier.

Parmi les réquisitionnés, j'eus la surprise de reconnaître un jour un de mes vieux fermiers. Le pauvre bonhomme était navré; il était venu avec un cheval et une voiture apporter de l'avoine ou de la farine à l'armée, et on ne voulait pas le laisser s'en retourner.

Je courus vainement avec lui toutes les intendances; impossible d'obtenir son congé régulier. Alors Besnard eut l'excellente pensée qu'une voiture nous appartenant nous serait fort commode pour porter nos bagages et nos tentes, sans être obligés d'en réquisitionner une à chaque déplacement. Le bonhomme avait bien juré qu'il donnerait cheval et voiture pour être libre, mais quand nous eûmes décidé de lui acheter, à nous trois, son équipage, il trouva moyen de nous le vendre fort cher. Le marché conclu, je l'emmenai, selon l'usage de *chez nous*, boire une goutte chez moi, c'est-à-dire sous ma tente. « Hélas! Monsieur! c'est tout de même pas possible que vous couchiez là-dessous? Au respect de vous, mes gorins sont mieux logés! »

Et moi qui me trouvais si bien! Comme tout est relatif!

Mon bon maître Guérct partit, enchanté de sa liberté, ravi de son marché, édifié sur le confortable dont je jouissais à l'armée, et revint dire au pays qu'il fallait que je fusse tout de même bien riche, pour donner tant d'argent aux Prussiens! Il le savait bien, pas vrai, puisqu'il avait passé quinze jours avec nous? Oh! bêtise de l'homme!

Après Loigny, le mobile auquel nous avions confié notre équipage et nos bagages, un nommé Blanchet, ayant entendu dire que j'étais tué, jeta sur la route ma valise et ma tente, abandonna la charrette à Blois, et vendit le cheval pour un litre de vin!

Chose étrange, je pus, après la guerre, retrouver la charrette et même ma valise. Besnard, qui était prisonnier en Allemagne, perdit tous ses effets.

Le 29 novembre, un certain nombre d'hommes de ma compagnie furent réquisitionnés pour aller creuser un retranchement un peu en avant de notre campement du Mesnil. Pendant qu'ils travaillaient, je causais avec le commandant du génie. Nous étions si bien absorbés par la préoccupation de chaque jour qu'ayant complètement oublié la capitulation de Metz, je fis la question la plus naïve, sur Frédéric-Charles, au commandant, qui me regarda d'un air au moins surpris; mais un instant après, il m'en fit une plus forte encore, sur le siège de Paris. Nous nous mîmes à rire tous les deux. « Tenez, mon commandant, vos retranchements sont bien faits, mes hommes sont en bon état et se battront bien; laissons là Frédéric-Charles, Guillaume et Bismarck qui ne nous regardent pas; c'est affaire au général en chef de s'en préoccuper. »

La voix du canon éclatant sur notre gauche, et assez rapprochée, vint nous interrompre. Ce n'était pas le bruit d'une bataille, mais celui d'un combat sérieux. Peu d'heures après, nous vîmes passer au grand galop la charrette de la jolie cantinière des francs-tireurs de la Gironde. La pauvre fille, tête nue, ses longs cheveux blonds flottant au vent, livide, et les yeux démesurément ouverts, était l'image la plus parfaite de l'horreur et de l'épouvante. Les vaillants Bordelais, attaqués à Varize par des forces bien supérieures, s'étaient défendus en hommes de cœur, et presque tous étaient bravement tombés dans les ruines du village incendié par les Allemands le jour de la prise de Châteaudun.

Le nombre de nos malades augmentait tous les jours. Le 30, on nous fit rentrer à Saint-Péravy même et cantonner dans des granges. Je couchai dans un lit pour la première fois depuis six semaines, et m'y trouvai si bien que je ne pus fermer l'œil de toute la nuit. Le temps me fit défaut pour m'habituer au bien-être, car, dès le lendemain matin, l'armée se mettait en marche!

Je déjeunai gaîment avec les Saint-Venant et leur brave capitaine, le père Schneider, qui avaient reçu des provisions de chez eux. De nous quatre, officiers de mobile, le lendemain soir trois étaient blessés et un mort! Un Vendômois de nos amis, Paul Jourdain, franc-tireur de Lipowsky, déjeunait avec nous; il fut seul épargné.

Nous venions à peine de finir notre café que le refrain du régiment nous appelait auprès de nos hommes.

Vite, sac au dos, et en route, enfin!

Juste en ce moment venaient d'arriver les capotes d'infanterie destinées à la mobile; une distribution régulière était impossible; on les porta à la hâte dans un grenier devant lequel nous devions passer, et à la volée, à poignée, on les jetait par les lucarnes à la tête des mobiles.

Chargés et en armes comme ils l'étaient, ils hésitaient à les ramasser dans la boue où elles gîsaient par monceaux. J'eus bien de la peine à décider mes hommes à en prendre, en leur disant qu'à la première halte ils pourraient se les mettre sur le dos.

Enfin! après trois semaines d'inexplicable et fatale oisiveté, nous marchions en avant, gaiement et pleins de confiance. N'étions-nous pas les soldats de Coulmiers, les vainqueurs de ces terribles Allemands que nous avions vus fuir à notre premier choc?

On marchait bien sur la terre durcie par la gelée, il faisait grand vent, mais le soleil d'hiver resplendissait.

A la hauteur des premières maisons de Patay, que nous laissions sur notre gauche, on nous fit faire halte pour nous lire le bel ordre du jour inspiré au général en chef, d'Aurelle, par une dépêche menteuse.

« Officiers, sous-officiers et soldats de l'armée
« de la Loire,

« Paris, par un sublime effort de courage et
« de patriotisme, a rompu les lignes prus-
« siennes. Le général Ducrot, à la tête de son
« armée, marche vers nous. Marchons vers lui
« avec l'élan dont l'armée de Paris nous donne
« l'exemple.

« Je fais appel aux sentiments de tous, des
« généraux comme des soldats. Nous pouvons
« sauver la France !

« Vous avez devant vous cette armée prus-
« sienne que vous venez de vaincre sous Or-
« léans, vous la vaincrez encore.

« Marchons donc avec résolution et confiance.

« En avant, sans calculer le danger !

« Dieu protégera la France ! »

En copiant, bien des années après, cet ordre
du jour dans l'ouvrage du général d'Aurelles,
je cherche en vain quelque trace de l'émotion
que ces paroles vibrantes me causèrent dans
ma jeunesse, le 1er décembre 1870. Mais qu'on se
représente le moment où nous les entendîmes.

Après trois semaines de souffrances et de
privations, nous marchions enfin en avant; tout
l'enthousiasme du soir de Coulmiers se réveil-

lait : nous croyions que c'était arrivé, que Paris venait au-devant de nous, et pour le retrouver, ce vaste Paris bloqué, où tous nous comptions de chères affections, et qui nous apparaissait comme nimbé d'une mystérieuse et sombre auréole de grandeur, à travers le grand silence qui depuis deux mois l'entourait, il nous suffirait de vaincre une fois encore l'ennemi, qui commençait à se montrer à l'horizon de la vaste plaine ensoleillée, cette plaine historique de Patay, toute remplie du souvenir immortel de Jeanne d'Arc, l'ange armé de la France, suscité par Dieu pour le salut de son peuple. C'était là même guerre que nous soutenions, à quatre cent cinquante ans de distance, et sur le même champ de bataille. Comme au quinzième siècle, les clercs et les femmes de France priaient : à nous, les hommes d'armes, de batailler, et Dieu nous donnerait la victoire !

Un cri immense de vive la France ! répondit à l'ordre du jour, et nous repartîmes en avant.

Au delà de Patay, la plaine s'étend unie et vaste comme la mer ; à l'horizon, sur notre droite, pointait le gros clocher de Terminiers ; devant nous le hameau de Faverolles ; à gauche, un bouquet d'arbres, le seul en vue, entourant le château de Villepion, puis, çà et là, quelques fermes isolées, le tout comme perdu dans l'immensité nue de la plaine. Sur le gris uniforme du sol, les bataillons, les escadrons et les batteries de notre corps d'armée se détachaient en carrés sombres, comme sur un vaste plan de bataille classique. Nous marchions lentement, faisant de longues et fréquentes haltes.

Au loin, on voyait galoper d'une ferme à l'autre, des cuirassiers allemands qui passaient comme des ombres blanches.

Vers deux heures, une batterie française s'arrêta à 300 ou 400 mètres de nous et ouvrit le feu. Un instant après, les obus allemands nous arrivaient.

C'était une bataille de quatre jours qui commençait.

Nous marchions toujours. A une halte, nous étions réunis, tout un groupe d'officiers, de Terras, les deux Saint-Venant, les deux de Meckenheim, Geoffroy de Beaucorps, Gaston de Brisoult, le père Schneider, l'abbé Blanchard, notre aumônier, Gendron, Besnard et moi; pendant que nous devisions tranquillement, un obus vint en rugissant frôler nos têtes et éclater avec un bruit de tonnerre à vingt pas derrière nous ; il n'avait pas dû passer à cinq centimètres de la croupe du cheval de Terras ! La pièce pointée un demi-millimètre plus bas, eût, dès ce jour, privé en bloc le bataillon de tous ses officiers, comme les balles devaient le faire en détail le lendemain !

Nous marchions toujours vers les trois villages de Terminiers, Faverolles et Villepion. De temps en temps l'artillerie s'arrêtait pour riposter aux batteries allemandes, et les mobiles s'écriaient, tout joyeux : « Les gros frères se fâchent ! »

La distance diminuait entre nous et l'ennemi, et sans nous faire encore grand mal, le feu de son artillerie devenait d'une précision inquiétante : chaque fois qu'un petit nuage blanc paraissait à l'horizon, chacun de nous pouvait se dire : L'obus qui doit me tuer est en chemin ! Et nous ne pouvions nous empêcher de trouver triste et bête cette guerre moderne où l'on se tue sans se voir !

Un régiment mixte de dragons et de lanciers vint se mettre en bataille un peu en avant de nous, et partit bravement à la charge contre l'artillerie prussienne. Elle était trop loin, une grêle d'obus arrêta l'élan de nos cavaliers.

Quelques centaines de mètres en avant nous portèrent sur le terrain parcouru par la cavalerie; tout le sol était jonché de chevaux. Quelques-uns, qui semblaient morts, relevaient la tête et hennissaient tristement à notre approche; l'un d'eux se redressa et nous suivit sur trois jambes; ému de pitié, un mobile l'acheva d'une balle dans l'oreille. Peu d'hommes étaient tombés.

La fusillade se faisait maintenant entendre sur notre gauche. Nous fîmes halte; une ligne de tirailleurs était couchée à 200 ou 300 mètres en avant de nous; à 500 mètres au delà des tirailleurs apparaissaient les maisons de Faverolles, entourées des haies et des murs de leurs jardins. Soudain le village s'enveloppa d'un blanc nuage, et une grêle de balles nous arriva.

Bien souvent on m'a demandé si j'avais eu peur au feu. A pareille question, le maréchal Lannes répondait brutalement que celui qui se vantait d'ignorer ce sentiment était un... Fort d'une telle autorité et de la conscience d'avoir fait mon devoir, j'avoue, sans forfanterie

comme sans modestie, avoir regardé en ce
moment avec une singulière angoisse le soleil
couchant, pour voir combien de temps encore
nous pourrions servir de cible aux Allemands.

Il était splendide, le coucher de soleil du
champ de bataille de Faverolles, entre de petits
nuages noirs frangés de jaune ardent et de
grandes zones rouges, violettes et or illuminant
l'horizon sur lequel flottait la légère vapeur
de la poudre; je m'en souviens encore, car je le
regardai comme on regarde ce qu'on ne doit
jamais revoir.

Je vis, sous ces rayons d'or, emporter sur
une brouette, le corps de mon pauvre ami et
voisin d'étude au collège, de Suarèz d'Aulan,
capitaine de dragons, tout récemment marié, et
tué d'un obus.

Jamais la beauté calme et grandiose des
œuvres de Dieu ne m'apparut plus saisissante
qu'en contraste avec cette expression la plus
violente des passions brutales de l'homme, le
champ de bataille.

En ce moment le colonel de Montlaur me
donna l'ordre d'aller renforcer la ligne des
tirailleurs d'infanterie, et de porter ma
compagnie le plus près possible de Faverolles.

Dès lors l'angoisse dont j'ai parlé, la peur, si l'on veut, s'évanouit complètement. Je fis déboîter ma compagnie de la colonne. « Allons, les gars, c'est maintenant qu'il faut montrer si nous sommes des braves; Vendôme en avant! Vive la France! »

A ce cri, cent fois répété, nous partîmes au pas de course, et arrivâmes d'un seul élan à la ligne des fantassins, que nous dépassâmes d'une cinquantaine de mètres, laissant en chemin deux ou trois des nôtres.

A notre tour, enfin, de rendre coup pour coup! Clairon, sonnez : *Halte, couchez-vous! commencez le feu!*

Quand je vis le feu bien établi, je revins à la ligne de fantassins, et n'y trouvant pas d'officiers, je m'adressai à un sergent : « Vous voyez bien qu'il y a des moblots devant vous, vous n'allez pas nous tirer dans le dos? » Le sergent, un joli garçon à l'air très résolu, me regarda en riant : « Mon capitaine, la ligne ne sera jamais dépassée par des moblots! » et il porta ses hommes à 50 mètres en avant des miens. C'était tout ce que je voulais. « Allons, les vieux gars, vous laisserez-vous devancer par les lignards? En avant! » Et nous gagnons encore une cinquantaine de mètres sur les pantalons rouges. En quelques élans successifs nous arrivâmes à moins de 100 mètres du village. Les chassepots surchauffés ne fonctionnaient plus; mais nos excellents remingtons suffisaient à fournir un feu nourri.

A peine arrivés si près de l'ennemi, je vis un de mes hommes, Lambron, frappé d'une balle derrière la tête; tout surpris je me retournai : à 100 ou 150 mètres en arrière, une ligne de tirailleurs nous fusillaient.

J'y courus en agitant mon képi au bout de mon sabre; leur feu continuait toujours et ne cessa que lorsque je fus sur eux. « Que diable! venez avec nous ou cessez le feu! Où sont vos officiers? » Le lignard me fit signe qu'ils étaient par derrière. En effet, à quelque cinquante mètres de là, je trouvai trois officiers d'infanterie, un capitaine, un lieutenant et un sous-lieutenant, confortablement installés à fumer leurs pipes dans une vieille carrière, à l'abri de tout accident! La langue des troupiers est riche en injures, et permet d'exprimer en peu de mots, très énergiques, le mépris et l'indignation. Tout le vocabulaire y passa! Ils continuaient à fumer tranquillement, impassibles sous l'outrage, comme s'ils ne m'entendaient pas! Je n'avais pas de temps à perdre, et rejoignis mes hommes en courant de toutes mes forces, récoltant, chemin faisant, tous les fantassins sans chefs, pour les joindre à ma ligne. J'en trouvai une douzaine côte à côte et immobiles, mais comme je me baissais pour leur crier de se lever, je reconnus qu'ils étaient morts.

Nos moblots, cependant, et les fantassins réunis, couchés derrière leurs sacs, tiraient avec sang-froid et précision, sur les créneaux d'où partaient les coups allemands, à 60 ou 80 mètres tout au plus. Dire que les balles, à cette courte distance, nous arrivaient dru comme la grêle ne serait pas exagérer; c'était un sifflement, un bourdonnement incessant, comme celui d'un grand vent dans les sapins.

Il est ennuyeux de parler de soi, mais je sais qu'on aime à connaître les sensations qu'a pu éprouver quelqu'un en une situation critique.

L'idée me vint de me coucher comme mes hommes; mais je pensai que, tant qu'ils me

verraient debout, ce serait un encouragement
pour eux, et que si je me couchais, ils n'ose-
raient plus se relever. Je les voyais, en effet,
souvent me regarder en rechargeant, et j'allais
de l'un à l'autre leur dire quelques mots. En
même temps, je me disais : Tu as eu peur, tout
à l'heure !... Attends un peu, je vais t'en faire
voir ! Et la pensée que je plagiais Henri IV me
fit positivement rire ! Une balle vint se couper
sur le tranchant de mon sabre. La pauvre petite
chienne de Besnard, Mirza, toute tremblante
de peur, s'aplatissait contre mes jambes ;
tout à coup je la vis tourner deux ou trois
fois sur elle-même en hurlant, puis tomber
raide.

Debout, si près de l'ennemi, je devais servir
de cible, et, me rendant bien compte que je
ne pouvais tarder à être atteint, que c'était une
question de minutes, de secondes peut-être,
je priais les chers morts de ma famille, mon
père surtout, si tendre et si brave, de venir
s'il était content de moi, me faciliter le dur passage du temps à l'éternité.

Toutes ces pensées étaient rapides comme les
balles dont je sentais le vent, et ne m'empêchaient pas d'observer mes hommes, de les

encourager, de modérer leur feu trop rapide, de les admirer, surtout, les chers gars, si braves et si pleins d'entrain, sous ce feu terrible. Le lieutenant Gendron, le meilleur tireur de la compagnie, était superbe ce soir-là; il avait pris un fusil et, debout sur une motte, il ajustait les créneaux comme il eût fait d'innocents pavois! Il fallut mon ordre formel pour le faire coucher, et encore n'obéit-il qu'en grognant pour la première fois!... Je m'approchai de Louis Brèche, mon ordonnance, pour lui dire de charger notre curé, si j'étais tué, de l'annoncer à ma femme, et de lui envoyer mon sabre et ma bague. Louis Brèche, qui ouvrait son sac pour y prendre des cartouches, avait la main posée sur sa petite gamelle, et j'étais penché sur lui, criant à son oreille pour me faire entendre malgré le vacarme, quand la gamelle lui fut brusquement enlevée de la main, et projetée à dix mètres en arrière; je courus la ramasser : une balle l'avait traversée. Je recommandai à Louis de la garder en souvenir, mais, plus pratique que moi, il la laissa comme désormais inutile.

Notre feu, cependant, se ralentissait; les cartouches commençaient à manquer. J'envoyai Gendron au colonel de Montlaur, qui vint lui-même à notre ligne, à cheval. C'était plus que brave, et je ne puis concevoir qu'il n'y ait pas été tué. « Vous n'avez plus de cartouches? — Non, mon colonel. — Alors, il faut prendre ça à la baïonnette! »

Derrière nous, tout le régiment arrivait au pas de course, tous les clairons sonnaient la charge. Il faisait presque nuit.

Vite! la baïonnette au canon, et en avant! Alors j'entendis pour la première fois cette clameur, étrange, sauvage, de l'homme se ruant sur l'homme, et dont nul autre bruit de la bataille ne saurait égaler la formidable puissance.

En quelques instants nous sommes sur les haies des jardins; les coups de feu des Allemands, qui tirent sans relâche, nous claquent aux oreilles, la fumée nous aveugle.

Une route pénètre à gauche dans le village; je m'y élance avec ma compagnie, malgré les signes que me fait Raoul de Saint-Venant arrivé à l'une des premières maisons, éclairée par l'incendie. Il a bien raison de vouloir me faire tourner le village pour couper la retraite aux Allemands au lieu de l'aborder de front;

nous en aurions pris davantage. Mais j'ai tant couru depuis deux heures, que je suis hors d'haleine, la respiration me manque, et je crains de tomber évanoui.

Et puis, faut-il l'avouer? je tiens à entrer le premier dans ce village de Faverolles devant lequel je ne puis concevoir que je n'aie pas été tué!

De tous côtés, nous voyons fuir les grandes capotes des Bavarois, mais nous empêchons nos hommes de tirer pour ne pas s'entre-tuer. Un Allemand se retourne et nous brûle la figure d'un coup de fusil à bout portant; le petit Guéranger, de Danzé, lui plante sa baïonnette dans l'épaule et lâche son coup de feu.

Toutes les compagnies sont entrées dans le village, éclairé à jour par l'incendie allumé par nos obus.

La mienne poursuit, baïonnette dans les reins, un groupe de Bavarois qui s'arrêtent dans un jardin; trois officiers s'avancent, tenant leur sabres par la pointe.

« Monsieur, » me dit l'un d'eux, récitant avec un fort accent germanique, une petite phrase évidemment apprise par cœur pour la circonstance, car il ne sait pas un autre mot de français,

« Monsieur, nous sommes des officiers qui avons fait notre devoir, et nous demandons à être traités comme tels. » Je prends leurs sabres et leurs revolvers, pendant que mes hommes désarment les soldats.

Je ne savais où emmener mes prisonniers, lorsque je rencontrai le général Bourdillon, commandant notre brigade. « Tenez, me dit-il, allez dans cette ferme et logez-y vos hommes et vos prisonniers; demain matin vous recevrez des instructions. » Puis il me demanda les sabres et les revolvers des officiers allemands, en prit un et distribua les autres à ses officiers d'ordonnance.

« Mais, mon général, vous me laisserez bien, au moins, garder comme souvenir un des sabres que j'ai pris? » C'est avec un certain regret qu'il parut y consentir.

La perte de ces armes fut un des premiers petits chagrins que me causa la prise de Faverolles, à laquelle je pensais m'être honorablement comporté. Ce ne devait certes pas être le dernier.

Je n'appris qu'à la paix, bien des mois après, que le général Bourdillon avait chargé, pendant la bataille, mon commandant de me féliciter sur la façon dont j'avais conduit les tirailleurs.

Je pense que c'était demander une citation à l'ordre du jour pour ma compagnie?...

Je conduisis mes hommes et les prisonniers dans la ferme désignée, et je les y installai par ordre formel du général. Malheureusement pour moi, le commandant de la Vingtrie, du 3° bataillon, l'avait choisie pour y coucher, et quand il m'y trouva installé, il entra dans une colère épouvantable et me traita comme on ne se traitait guère entre officiers de mobiles, même de grades différents. Ne pouvant me faire entendre de lui, et craignant de passer pour ce que je n'étais pas, auprès d'un vieil officier, je priai Terras, mon commandant, d'aller lui expliquer la chose le lendemain matin. Ma commission fut oubliée. M. de la Vingtrie ne m'a jamais pardonné ce qu'il croyait être un manque d'égards envers lui, et lorsqu'en sortant de l'ambulance, plus de trois mois après, je rejoignis le régiment qu'il commandait alors, il affecta de m'exclure des listes de récompenses qu'il était en train de dresser. Ce que j'ai pu faire à la prise de Faverolles fut donc une des causes pour lesquelles je fus, à une exception près, le *seul* capitaine de la formation du régiment qui ne fut pas décoré, sans en excepter ceux, fort rares, heureusement, qui eurent de singulières défaillances au cours de la campagne.

Mais le soir du 1ᵉʳ décembre 1870, je ne pensais guère à tout cela, et malgré la perte de mes armes conquises, malgré l'injuste et sévère algarade du commandant, malgré les récriminations acrimonieuses de mes camarades sur ce que je traitais trop bien *mes* prisonniers, content de moi, je l'avoue, et enchanté de la conduite de mes hommes, qui m'exprimaient par ces mots touchants dont le peuple a le secret, qu'ils étaient aussi satisfaits de leur capitaine, que le capitaine était satisfait de ses moblots, j'étais tout à l'enthousiasme de notre victoire, en harmonie complète de sentiments avec nos mobiles, qui, coiffés des casques allemands, et ivres de joie, dansaient à la lueur de l'incendie, sans souci de leur dignité de vainqueurs.

Ce fut un beau soir, l'heure la plus brillante de la courte et héroïque histoire de la mobile de Loir-et-Cher !

Hâtons-nous de jouir de notre beau fait d'armes de Faverolles : nous ne le garderons pas longtemps dans les annales de la patrie !

En 1871, le général Chanzy partagera la prise

du village entre nous et le 39ᵉ de marche, qui
ne parut pas à l'assaut. Dès 1872, notre général en chef, d'Aurelle de Paladines, nous sup-
primant, l'attribuera au 39ᵉ et au 3ᵉ de marche de chasseurs. C'est, je crois, le général de
Sonis, qui, le premier, en fera hommage aux
marins, *purement imaginaires*, de l'amiral
Jauréguiberry. Et bientôt, enchérissant sur les
écrivains militaires, les auteurs et orateurs
civils produiront de belles pages dramatiques,
pleines de mouvement et d'émotion, sur les
matelots enlevant Faverolles la hache au
poing, comme un navire pris à l'abordage !

Pauvres petits moblots à casquettes blanches
de Loir-et-Cher, morts pour rendre à la France
cette parcelle de la patrie, vous dormez en paix.
Vos anges gardiens ont dit à Dieu comment
vous êtes tombés, obscurs martyrs du devoir,
et ni sa gloire ni ses récompenses, à lui, ne
s'égarent sur qui ne les a pas méritées.

Dans toute l'exaltation du premier moment,
j'écrivis à ma femme un petit mot au crayon
que je confiai à un ambulancier, M. de Quatrebarbes, je crois, venu pour ramasser les
blessés.

Je l'ai là, ce petit chiffon de papier jauni,

tout taché de gros doigts noirs de poudre, ceux
sans doute du moblot qui me l'a procuré. Il
continue à jeter dans le présent attristé son
cri de triomphe enthousiaste, devenu mélancolique et absurde comme serait la gaieté d'un
trépassé.

Que de choses mortes, de jeunesse passée,
d'illusions évanouies, vivent et frémissent dans
ce petit mot d'un soir de victoire !

J'indiquai à M. de Quatrebarbes la ruelle où
était tombé l'Allemand si bien accommodé par
le petit Guérenger. Le médecin m'affirma
que cette affreuse blessure n'était pas même
dangereuse, le coup de feu tiré à bout portant
n'ayant pu produire qu'un effet très salutaire
sur l'énorme plaie faite par le sabre-baïonnette.

Nous avions perdu relativement peu de
monde. A la compagnie nous n'avions qu'un
mort, Guénier, de Faye, et quatre blessés.
Pendant plus d'une heure, cependant, nous
avions subi un feu incomparablement plus
violent que celui d'aucun instant de la fatale
journée du lendemain; mais à Faverolles les
hommes avaient presque tout le temps été couchés derrière leurs sacs. Quant aux effets, aux
piquets de tente, aux armes mêmes, tout était

absolument criblé; Benâtre avait son sabre-baïonnette ondulé, par une balle, comme l'épée flamboyante de l'archange, le remington d'un autre était coupé à la poignée.

La plupart des officiers du bataillon vinrent, avec le colonel de Montlaur, passer cette joyeuse soirée à la ferme où j'avais mes vingt-six prisonniers.

Un des officiers, qui baragouinait quelques mots de français, me dit : « Ce soir nous, demain peut-être vous! »

Ce n'était pas une simple fanfaronnade réalisée par hasard.

Le temps était clair et froid; de grandes lignes de feux nous indiquaient le campement tout proche de l'ennemi; nos sentinelles avancées distinguaient les casques pointus des sentinelles prussiennes, et la sonorité du sol profondément gelé nous apportait, comme une rumeur continue, le roulement sourd des canons et des caissons, le piétinement des chevaux, la marche pesante de troupes venant sans cesse grossir le nombre de celles dont nous voyions les feux innombrables.

C'était toute l'armée prussienne de Frédéric-Charles qui se préparait à venger le 2, l'échec subi le 1ᵉʳ par les Bavarois du général de Thann.

Je partageai avec mon sous-lieutenant le grand lit de ferme que le commandant de la Vingtrie devait me faire payer si cher. Gendron couchait dans l'autre lit; le sergent Massot et quelques hommes dormaient sur de la paille en travers de la porte du cabinet où étaient enfermés les officiers prisonniers.

Pauvre Besnard! Je ne saurais jamais oublier l'élan si cordial et si jeune avec lequel il s'était jeté dans mes bras, après la prise du village, en me disant : « Mon capitaine, je vous croyais mort! »

Bien que Gendron fût un des plus formidables ronfleurs qu'il m'ait été donné de connaître, nous passâmes une excellente nuit, entre le premier et le second jour de la grande bataille, et je ne fus réveillé qu'à l'aube, par l'ordre d'aller conduire les prisonniers à Villepion, où était le quartier général de la division Jauréguiberry.

Je partis avec la moitié de la compagnie, laissant l'autre à Faverolles pour faire la soupe.

Le capitaine bavarois marchait en tête, près de moi, les deux lieutenants derrière, les hommes entre les deux files des miens.

L'air martial des moblots me frappa, ce matin-là, ainsi que Gendron, qui m'en fit part, et
j'avoue qu'une bouffée de fierté me montait à
la tête, en songeant qu'il y avait *trois mois*
qu'on m'avait confié, dans le manège de Vendôme, le soin de transformer ces jeunes gens
en soldats !

Une grande confusion régnait dans la cour
du château de Villepion. Un officier de marine
(le seul marin, avec l'amiral, que j'aie jamais
vu à la division) nous fit conduire nos prisonniers dans une bergerie où il y en avait déjà
beaucoup. A la porte même, et sous les regards terrifiés des prisonniers, était un mon-
ceau de cadavres allemands entièrement dépouillés et montrant sur leurs poitrines nues
d'affreuses blessures de sabres-baïonnettes.
C'était sauvage de les laisser là. « Couvrez-
les donc ou ôtez-les ! » s'écriaient mes mobiles avec une indignation dont je leur sus
grand gré. L'officier de marine emmena ailleurs les trois officiers, prisonniers, qui voulu-
rent me serrer la main, ce que j'acceptai de
bon cœur.

Comme nous revenions vers Faverolles, la
voix retentissante du canon commençait à vi-

brer, au loin d'abord, puis plus proche, puis sur tout l'horizon : la seconde journée, celle de Loigny, était commencée.

Sitôt dans notre ferme, je me hâtai de distribuer les cartouches qui venaient d'arriver, puis de faire manger la soupe.

Je ne sais pourquoi, lorsque je vis mes moblots tranquillement installés à manger dans leurs petites gamelles, au bruit du canon qui grondait de plus en plus, je fus saisi d'une de ces horribles tristesses où le cœur semble prêt à se briser sous une formidable étreinte physique. Ce ne fut pas long, mais assez poignant pour que le souvenir m'en soit resté, parmi tous ceux d'une des journées les plus solennelles de ma vie. Était-ce une réaction à toute la joyeuse exaltation de la veille?... Ou bien un de ces pressentiments auxquels je ne puis me défendre de croire me disait-il ce qui allait advenir de ma chère compagnie, formée avec tant de soin, aimée d'une affection presque paternelle, quoique je ne fusse guère plus âgé que mes gars, et avec laquelle je me trouvais pour la dernière fois? Me disait-il aussi, ce pressentiment, que le cher rêve de ma vie, ma rentrée dans l'armée, pour laquelle je me sentais de plus en plus fait, allait être irrévocablement rejeté dans l'impossible?

Secouant énergiquement cette impression douloureuse, je me mis à la recherche de mon pauvre Guénier, auquel j'aurais voulu assurer une tombe à part, et convenable. On m'indiqua une petite maison où l'on avait porté quelques mobiles tués.

Ils étaient quatre ou cinq, mais le mien ne s'y trouvait pas. Les yeux à peine entr'ouverts, calmes, presque souriants, ils semblaient dormir, les pauvres gars, qui se reposaient enfin des grandes fatigues. L'un d'eux se couvrait la figure de la main. Je soulevai, pour voir si je reconnaîtrais Guénier, cette pauvre main calleuse de paysan arraché à sa charrue pour venir se faire tuer là, loin de tous les siens : une main amie serrait pour la dernière fois cette main glacée. L'horrible chose que la guerre, même dans la victoire!

J'allais, sans transition, voir ce qu'elle est dans la défaite.

Les hommes venaient de finir leur soupe quand la marche du régiment sonna. Vite, comme à l'ordinaire, les marmites, les gamelles, les bidons, toute la batterie de cuisine rudimentaire, fut bouclée sur les sacs; le fourrier Tavenot courait à l'ordre, Héron lançait quelques joyeux lazzis; Bonneau tout heureux d'être revenu comme sergent à la compagnie, allait d'un groupe à l'autre; Adet, toujours calme, inspectait son escouade; le caporal Guibert, le *père Tranquille*, avait peine à mériter son surnom un jour de bataille, le vieux Rambourg, déjà un peu ivre (je ne l'ai jamais vu autrement), allait demander la goutte à Bellardent, à Mallangeau, à Pavy, ou à Fichepain, qui l'envoyaient promener en riant; Renard, de la Chapelle-Enchérie, déjà blessé à Coulmiers, et rentré de la veille, m'affirmait qu'il allait bien; le caporal Renou, récemment venu à la compagnie je ne sais d'où, la tête toujours enflée et entourée d'un foulard rouge, me suppliait de le garder encore un jour, avant de le renvoyer à l'ambulance, d'où il s'était échappé la veille au bruit du canon, pour venir nous rejoindre. Duchâteau, Trahard, Bellande, Doron, Fouquet, Poidras, tous se hâtaient gaiement, mettant en réserve un morceau de pain ou un biscuit, pour l'imprévu du lendemain, car la soupe avait été bonne et copieuse, et pouvait suffire pour toute la journée.

Quand je revois, par le souvenir, ce tableau si animé, si vivant et si jeune, dans la cour de la ferme de Faverolles, le dernier matin où je fis prendre les armes à ma compagnie, il me semble contempler une de ces fantastiques danses macabres du moyen âge où chaque personnage s'agite et vaque à ses occupations avec la mort pour partenaire. Avec une bien courte prescience, j'aurais pu la voir grimacer derrière l'épaule de *tous* ceux que je viens de nommer, et de bien d'autres encore de mes pauvres gars!

Au moment où formés en colonne, nous partions pour Loigny, dont le petit clocher pointu nous servait de jalon, le cheval du colonel glissa des quatre pieds sur la glace d'une mare et s'abattit lourdement. « Mauvais signe! » murmurèrent les mobiles, un moment pensifs.

Un peu plus loin on nous fit faire halte.

Le canon grondait en roulement continu; une ligne de fumée blanche dessinait, devant nous, un front de bataille d'une immense étendue, se perdant à l'horizon sur la droite et sur la gauche.

C'était l'instant solennel précédant le combat,

où le cœur le plus vaillant sent l'angoisse l'envahir.

Je passai devant le front de la compagnie, pour dire un mot à chacun; je vis la pâleur déjà constatée à Coulmiers, mais aussi la résolution calme de soldats déjà faits au feu.

Ils étaient vraiment beaux, ces braves mobiles, encore tout noirs de poudre du combat de la veille, les vêtements lacérés par les balles, regardant avec une confiance tranquille la bataille qui rugissait devant eux et les appelait. Tout officier eût été fier de conduire au feu de tels hommes, après les avoir formés.

Un commandement retentit : 8ᵉ compagnie, en tirailleurs! « Toujours nous! » dit une voix. « C'est que nous sommes les meilleurs! » répondit une autre, et l'on rit, pendant que nous sortions de la colonne. Comme la veille, nous partîmes en criant « Vive la France! » Quelques uns, comme le petit Petay, grand ami de Rambourg qui lui servait de plastron, bondissaient et jetaient leurs fusils en l'air comme des Arabes à la fantasia.

Nous franchîmes, toujours courant, le petit bois que l'héroïsme et la mort des zouaves pontificaux ont immortalisé le soir de ce jour; les obus allemands commençaient à nous arriver.

Derrière le bois, nous nous trouvâmes face à face avec une cohue de fuyards qui arrivait sur nous dans un désordre inexpressible. En vain, je fis croiser la baïonnette à mes hommes, en vain j'appuyai mon revolver sur le front d'un sergent; impossible de les arrêter. Ces malheureux étaient les débris d'un régiment qui depuis l'aube soutenait bravement et avec des pertes énormes une lutte désespérée contre des forces vingt fois supérieures; ils étaient parvenus à cette limite extrême de l'énergie morale et physique, que la foi ardente en l'immortalité peut seule faire dépasser. Les obus tombant à toute volée et éclatant dans cette masse serrée, y produisaient des effets qu'on voudrait pouvoir oublier.

Je tremblais que mes hommes, déployés sur un front de quatre ou cinq cents mètres et isolés les uns des autres, ne se laissassent gagner par la contagion de la peur. Mais non! la cohue passée, je revis la ligne entière de nos braves, continuant à marcher en avant; même plusieurs fantassins, honteux, revenaient sur leurs pas avec eux.

Nous touchions presque au village; les Prussiens y arrivaient de leur côté. Je me hâtai d'établir mes hommes dans le fossé de la route qui va de Loigny à Lumeau, la gauche au village, la droite reliée aux tirailleurs du 1ᵉʳ bataillon, établi à Écuillon. Le feu commença.

Sur cette route, déjà largement tachée de sang, et çà et là semée de cadavres, nos pauvres mobiles commencèrent à tomber.

Devant nous, une pente très douce menait à un plateau au sommet duquel, à trois kilomètres, environ, apparaissait le château de Goury, au milieu d'un grand parc entouré de murs. A gauche de ce parc étaient établies les batteries prussiennes.

Suivant les ondulations des crêtes, et atteignant presque le village par sa droite, s'étendait la ligne noire des tirailleurs prussiens, que nous voyions enfin à découvert comme nous, s'abritant derrière les accidents de terrain, les grosses mottes de terre et les tas de fumier.

Nos mobiles, je l'ai dit, étaient des tireurs hors ligne; avec un sang-froid digne de vieux soldats, ils avaient tous mis la hausse de quatre cents mètres, que je leur avais indiquée, et visaient avec un soin tranquille. A chaque instant nous voyions un Allemand se dresser et tomber lourdement en avant.

Pour occuper le grand espace entre le premier bataillon et Loigny, j'avais dû déployer toute ma compagnie, le reste du bataillon servant de réserve. Gendron et Besnard dirigeaient chacun sa section, mais ne pouvant surveiller tout ce front de sept à huit cents mètres au moins, je le parcourais aussi vite que possible, allant et venant d'un point à un autre.

Un capitaine de mobile, de la Haute-Vienne, je crois, était étendu mort au bord de la route; près de lui un de ses hommes sanglotait, indifférent aux balles qui pleuvaient. J'essayai, par quelque bonne parole, d'éloigner ce pauvre garçon dont la douleur me touchait profondément. Il me regarda, sans pouvoir dire autre chose que « mon capitaine! mon capitaine! » et se replongea la tête entre les mains. C'était, sans doute, quelque bien touchante histoire de bonté et de dévouement dont je voyais le dénouement lugubre!

Il y avait à la compagnie un brave garçon à moitié idiot, nommé Froger, que plusieurs fois j'avais vainement tenté de faire réformer, comme incapable de rendre aucun service. Il avait, néanmoins, fait jusque-là toute la campagne sous la protection de Gribonval, un excellent soldat, célèbre par la longue pipe en terre, admirablement culottée, qu'il parvint à rapporter chez lui sans la casser.

Je trouvai Froger assis au bord de la route, son remington verticalement entre les jambes, la crosse appuyée par terre, le canon droit en l'air. Sans changer son fusil de place, il chargeait et tirait, éclatant de rire à chaque coup. Je lui ôtai des mains son arme inutile, et envoyai trois ou quatre balles, fort inoffensives, je crois, vers un tas de fumier, d'où l'instinct me disait qu'on tirait avec acharnement sur moi; une balle m'avait enlevé mon képi, emportant le bouton de jugulaire; quelque chose, peut-être une balle amortie par ricochet, m'avait frappé à l'orteil. Ce n'était pas encore une blessure, mais mon pied, enflé et tout noir, me fit beaucoup souffrir. Quand je voulus rendre à Froger son fusil, il avait disparu. L'instinct du danger s'était sans doute éveillé brusquement en lui, et il avait filé tout droit, marchant tant que la terre put le porter! Heureusement qu'il prit la direction du Midi : après la guerre on le retrouva près de Marseille, ne pouvant dire comment il y était. S'il avait choisi l'Est, il n'eût probablement été arrêté que par la mer Jaune!

C'est par un instinct plus étrange encore qu'à la même heure les chiens, assez nombreux, que nous avions au bataillon et qui jusque-là s'é-taient bien comportés, nous quittèrent tous ensemble. Vers le soir on les vit arriver en bande à Vendôme, qui était à 15 lieues, et comme le bruit sourd et lointain du canon avait retenti toute la journée, la pensée, trop tôt confirmée, d'un grand désastre vint à tous ceux qui reconnurent les déserteurs.

Comme en parcourant ma ligne je me rappro-chais du village, je vis venir le colonel de Montlaur; presque aussitôt le général Bourdil-lon se rapprocha de nous. Sur le champ de bataille un officier subalterne ne voit que sa troupe; très satisfait du tir de mes hommes, et voyant les tirailleurs prussiens, fort éprou-vés, reculer peu à peu, je croyais que tout allait pour le mieux. Je fus donc bien doulou-reusement surpris d'entendre le général dire au colonel : « La journée paraît bien compromise,

8.

pourrez-vous tenir au moins une heure? Le 17ᵉ corps doit approcher. — Je ne crois pas que de pied ferme nous puissions tenir un quart d'heure, dit le colonel, mais en avançant nous tiendrons plus d'une heure. » A part moi, je trouvais que le colonel était absolument dans le vrai. « Alors, marchez sur Goury, » et il s'éloigna vers le centre de sa brigade. « Vous avez entendu, Maricourt? — Oui, mon colonel. — Rassemblez vite vos hommes, et en avant! »

Nous étions à peine rassemblés que le reste du bataillon arrivait, déployé en bataille; nous prîmes la gauche, selon notre numéro, et sous un feu d'enfer, nous commençâmes à monter la pente douce du plateau de Gourny.

Près du sommet, je vis tomber, à la compagnie voisine, mon excellent ami Raoul de Saint-Venant, facile à reconnaître à sa grande taille.

Nous avancions toujours, sans riposter à la fusillade qui nous arrivait vive et meurtrière, faisant, à chaque pas, des vides parmi nous. Le terrain que nous parcourions, tour à tour occupé, le matin, par les Français et les Prussiens, était parsemé de morts et de blessés des deux armées; quelques Allemands nous laissaient passer et se soulevaient sur le coude pour nous fusiller par derrière ; ceux-là étaient achevés sans pitié d'un coup de baïonnette.

Pendant les marches, j'avais laissé mes mobiles chanter tout ce qu'ils voulaient, ne leur interdisant que la *Marseillaise*, qui m'a toujours fait horreur, mais leur promettant de la leur faire chanter moi-même au moment voulu. Voyant un petit symptôme d'hésitation, certes bien naturel, je leur criai de toutes mes forces « Allons, les gars, la *Marseillaise!* » Le sous-lieutenant et une dizaine d'hommes l'entonnèrent, mais sans grand élan, je dois l'avouer. Besnard, d'ailleurs, l'avait pris trop haut, et l'on s'arrêta aux premiers vers; je fus assez heureux de cette expérience sur une légende douteuse, d'autant plus qu'on en rit, et rire est bon, en pareils moments!

La marche en bataille des anciens règlements, était une manœuvre difficile, que je n'ai vu bien exécuter qu'à Saint-Cyr. Sur un front très étendu, avec des hommes aussi peu exercés que les nôtres, et sous un feu violent, elle était impossible. Avant que nous eussions fait cinq cents mètres, nous étions dans un désordre absolu, marchant comme un troupeau de moutons, mais marchant toujours.

Le lieutenant Lebert, notre adjudant-major, vint me dire que le commandant de Terras était blessé. Je devais le remplacer, comme plus ancien capitaine; je courus donc vers le centre du bataillon, prendre son commandement, désormais bien simple, toute manœuvre étant impossible, et qui se bornait à encourager les hommes et à leur donner l'exemple.

Nous étions sur le plateau : le château de Goury, notre objectif, était encore à une demi-lieue, à peu près.

A notre gauche, à 500 ou 600 mètres environ, une nombreuse artillerie, pièces et caissons, filait au grand trot vers Goury, dans une direction parallèle. « Ne tirez pas! ce sont des Français? » criaient les officiers se mettant devant les fusils des mobiles abaissés vers les artilleurs.

A notre droite, une nombreuse colonne d'infanterie et de cavalerie se dirigeait aussi vers Goury, marchant dans une direction perpendiculaire à la nôtre; ainsi le château serait attaqué de trois côtés à la fois, et nous marchions résolus et confiants, jalonnant la plaine de nos morts et de nos blessés.

Soudain l'artillerie prétendue française s'arrêta, se mit en batterie, et nous envoya une effroyable décharge. Il y eut un moment de surprise plutôt que d'hésitation, et presque aussitôt nous repartîmes, en criant : « En avant! Vive la France! » Trente pièces nous canonnaient à courte portée.

Les obus nous arrivaient si serrés que le sol, semblable à la croûte d'un volcan, tremblait et détonait sous nos pas; la terre, les pierres, les éclats de métal, tout volait, tout passait en hurlant, comme emporté par un fantastique ouragan.

Aveuglés par la fumée et la poussière, étourdis par le vent et le vacarme des projectiles, nous avancions toujours; Goury n'était plus qu'à un kilomètre.

L'effet moral de l'obus est formidable; il arrive en rugissant, détone à grand bruit, soulève des masses de terre, mais, en somme, il est moins meurtrier, peut-être, que la petite balle qui tue sans tapage; pas un seul d'entre nous n'aurait dû survivre au feu de ces trente pièces nous tirant de si près, avec l'effrayante rapidité de l'artillerie moderne.

Les Prussiens parurent surpris et changèrent

de tactique; au lieu de pointer sur nous, ils
dirigèrent leurs coups en avant, comme pour
nous opposer un obstacle infranchissable; leurs
projectiles éclataient comme les grains d'une
traînée de poudre sur la cendre brûlante, et
soulevaient un rideau rougeâtre qui ondoyait
devant nous.

Cette barrière de fer et de feu, la mobile de
Loir-et-Cher la franchit.

Les compagnies, dans un désordre complet,
confondues les unes avec les autres et brisées
par la mitraille, oscillaient et tournoyaient sur
elles-mêmes, mais personne ne songeait à
reculer. L'artillerie allemande, criblée par nos
balles, finit par ratteler ses pièces et se retirer
derrière le parc.

Nous touchions enfin aux murs de Goury.
La mobile de Loir-et-Cher avait reconquis trois
kilomètres sur l'armée victorieuse; l'heure de-
mandée par le général Bourdillon était bien
dépassée, nous avions rempli notre tâche.

Mais à quel prix!

Un rapport allemand constate qu'en cet instant l'ennemi ne pouvant croire que nous fussions autre chose qu'une avant-garde, se préparait à évacuer le château.

Par les innombrables créneaux dont les murs étaient percés, la fusillade nous arrivait presque à bout portant. Au coin saillant du mur, ce qu'on nomme en fortification l'*angle mort*, il y avait une brèche; quelques Allemands la défendaient, à genoux derrière des fagots, et ils étaient si près que je voyais les aigles de leurs casques. C'était le seul endroit par où l'on pût entrer.

Je me retournai, face au bataillon, pour tâcher de l'entraîner de ce côté. Que n'avais-je sous la main ma brave 8e! Et qu'il était réduit, notre bataillon, et dans quel désordre!

A travers la fumée, je vis, près du mur, Geoffroy de Beaucorps dans son caoutchouc blanc, entouré de mobiles tirant sur les créneaux, puis Henri de Meckenheim qui vint à mes signes lui désignant la brèche. Les deux tiers des officiers de notre bataillon étaient déjà tombés!

En même temps je revis, toute proche, la grosse colonne qui se dirigeait vers Goury par la droite. J'entendis un commandement, et le bruit d'un feu de bataillon, correct et régulier, nous arriva avec une nuée de balles; c'était encore l'ennemi!

Devant nous, une position formidable, défendue par toute une armée, nous couvrait de feux ; à droite, une troupe fraîche, correctement alignée, et à elle seule bien plus nombreuse que nous, nous foudroyait avec la précision du champ de manœuvres ; à gauche, une formidable artillerie avait recommencé son feu, sous la protection de l'infanterie prussienne.

Et derrière nous, du côté d'où devait arriver le soutien de notre audacieuse attaque, rien, qu'une longue traînée de cadavres marquant le sillage de notre petite troupe isolée, réduite de plus de moitié, mais toujours héroïque. Nous soutenions tout seuls tout le poids de la bataille, en ce moment, et nous étions un contre vingt, à découvert contre des murailles, et pas une pièce française ne ripostait à l'artillerie qui nous broyait, pas un officier d'ordonnance ne nous apportait un mot d'espoir !

Le colonel qui, seul à cheval dans la plaine, par une sorte de miracle n'était pas encore blessé, fit sonner la retraite.

Quel moment !

« Qu'est-ce que cette sonnerie? » me demanda Henri de Meckenheim. « C'est la re-

traite! — Ça, jamais! » s'écria-t-il en s'élan-
çant follement en avant. Dix pas plus loin, je
le vis tourner sur lui-même et tomber.

Presqu'aussitôt après un obus vint fouiller
la terre, comme une taupe monstrueuse, tout
contre mon pied gauche. Par un geste instinc-
tif et bête dont j'eus le temps de me rendre
compte, j'avançai la main pour me garantir.
L'explosion me rejeta à trois ou quatre mètres
de là, sans autre mal que quelques cloches de
brûlures et quelques contusions, de cailloux
sans doute, à la main et à l'avant-bras. Encore
tout étourdi, je secouais la terre dont j'étais
couvert, lorsque je ressentis un choc violent,
mais pas très douloureux, me frappant tout entier, de la racine des cheveux jusqu'à la plante
des pieds. Je ne me rendis compte de ce qui
m'était arrivé que longtemps après, à plus
d'un kilomètre de là, en voyant que chacun de
mes pas était marqué en rouge par le sang
qui débordait de mon brodequin gauche. Deux
petits filets rouges coulaient le long de ma
guêtre, et je compris que j'avais la jambe traversée par une balle.

Dans le désordre où nous étions, la retraite
ne pouvait être qu'une déroute; l'infanterie

prussienne, poussant trois hurras sauvages, se mit à notre poursuite.

Le pied droit meurtri, la jambe gauche traversée, la main endolorie, j'allais comme je pouvais, à travers toute l'horreur du champ de bataille, m'appuyant lourdement sur mes deux sabres; car j'avais mis à ma ceinture, pour le conserver, celui pris la veille aux Bavarois.

Les Prussiens gagnaient sur nous; j'entendais les commandements précédant les volées de balles qui nous arrivaient à la fois; je distinguais les aigles des coiffures. Derrière chaque obstacle, talus de carrière, tas de pierres ou de fumier, des mobiles s'arrêtaient, brûlant avec rage leurs dernières cartouches. J'aurais voulu faire comme eux, ramasser un fusil, et tirailler, tout en m'en allant. A la courte distance ou j'étais, un chasseur ne pouvait manquer un homme; tout coup eût porté, et l'on devient féroce, à la guerre, dans la défaite surtout. J'aurais été heureux de voir tomber de cheval, à mon coup de fusil, quelques-uns de ces officiers qui me semblaient narguer notre misère, ou culbuter ces gros lourdauds, qui tiraient bêtement, le fusil à la hanche. Mais une grande faiblesse me gagnait, je sentais comme le vertige, et je ne voulais pas être pris. A Loigny j'espérais bien trouver quelque voiture d'ambulance qui m'emporterait.

Les hurras des Allemands se rapprochaient toujours; leurs balles m'arrivaient de plus en plus près : impossible qu'une d'elles ne finît pas par m'achever, et dans le dos, encore! Je sentais toutes les angoisses du malheureux animal forcé sur ses fins.

J'atteignis enfin une grosse meule de blé, près du village, et, la contournant, je me trouvai à l'abri de la grêle de plomb, avec un sentiment d'étrange bien-être, je l'avoue. Mais bientôt les balles françaises commencèrent à venir du village, que je gagnai en me traînant de plus en plus difficilement.

La ruelle par laquelle j'entrai dans le bourg de Loigny, aujourd'hui complètement transformé à mon grand regret, était hideuse à voir; le sang coulait, littéralement, sur les ruisseaux gelés. Les blessés s'étaient en grand nombre traînés comme moi jusque-là; quelques-uns marchaient encore : d'autres s'étaient entassés dans les rares endroits à l'abri des projectiles, et des plaintes navrantes retentissaient.

Un pauvre mobile atteint à la tête et délirant appelait « Maman! maman! » Et cet appel désespéré et vain à la tendresse qui, après avoir consolé tous les petits chagrins de l'enfance, pouvait seule adoucir l'horreur de l'agonie, avait quelque chose de si déchirant que rien n'a pu me le faire oublier.

Cependant le combat se rétablissait; nos hommes et ceux du 39ᵉ de marche et du 3ᵉ bataillon de chasseurs qui avaient pris part à notre attaque sur Goury, retranchés dans les jardins qu'ils crénelaient, dans les maisons, dans les greniers dont ils enlevaient des tuiles, arrêtaient, par un feu violent et bien dirigé, les Prussiens qui nous poursuivaient depuis Goury. Le 37ᶜ de marche arrivait.

Je me dirigeais vers l'église, où j'espérais trouver des ambulanciers, lorsque je vis le lieutenant Gendron, avec quelques hommes de la compagnie. Ils étaient trente ou quarante, tout au plus.

« Voilà tout ce qu'il en reste! » me dit Gendron.

« Prenez-en le commandement, je n'en puis plus! Au revoir, mon ami, et bon courage! »

Nous échangeâmes une poignée de mains, et il me quitta.

A demi affaissé contre une muraille où venaient bruyamment s'aplatir les balles, je vis les faibles débris de ma chère compagnie s'éloigner dans la ruelle sanglante pleine de fumée et de bruit où s'engouffraient les restes de notre colonne vaincue. Et quand eut disparu le dernier de ces modestes amis, si affectueux, si braves, si dévoués, que j'avais laborieusement transformés en soldats, et amenés pas à pas de leurs foyers de Vendôme à Loigny, en passant par Coulmiers et Faverolles, quand je vis qu'il me fallait rester là, inutile et brisé, sans aucun moyen de les rejoindre, sans espoir de prendre avec eux notre revanche de cette journée, je sentis le désespoir m'envahir!...

Où donc étaient, à cette heure de deuil, toutes les voitures d'ambulance, tous les vigoureux jeunes gens, chamarrés de croix rouges de Genève, que nous avions vus, le matin de Coulmiers, faire sauter des bouchons de champagne? Nous avions faim, nous autres, et nous allions nous battre; mais au moins nous espérions, à l'heure voulue, être secourus par toutes ces forces si précieusement ménagées; nous essayions de le persuader à nos pauvres moblots qui regardaient d'un œil d'envie ces bombances, eux qui allaient se faire tuer pour la France en rêvant à l'humble morceau de pain et de fromage et au verre de cidre de chez eux !

A la porte d'une maison, non loin de moi, je vis, comme à travers un brouillard, le colonel de Montlaur qu'on descendait de son cheval, un joli petit alezan clair, tout ruisselant de sang, et tremblant sur ses jambes. Près de lui étaient Gaston de Brisoult et Julien de Saint-Venant. Je m'approchai d'eux.

« Êtes-vous blessé? » demandai-je à Julien qui, l'air souffrant et résolu, s'appuyait au cheval. Pour toute réponse, il leva son bras gauche mal enveloppé dans un mouchoir sanglant d'où s'échappait un lambeau de chair.

Je me rappelai avoir vu son frère tomber des premiers. « Raoul? — Ne m'en parlez pas en ce moment, je vous en prie!.. Adieu, je m'en vais. »

J'essayai en vain de le retenir, il était déjà loin.

Raoul de Saint-Venant était-il donc mort aussi? Et Henri de Meckenheim, que j'avais vu tomber près de moi, et Geoffroy de Beaucorps, que j'avais aperçu pour la dernière fois, enveloppé de son caoutchouc blanc, entouré de mobiles tués, sous le mur de Goury? Nos amis du bataillon étaient-ils donc tous morts?

J'entrai dans la maison à la suite de notre pauvre colonel, que deux hommes portaient, et de Gaston de Brisoult, qui s'appuyait aux murailles.

Nous traversâmes une première chambre pleine de blessés étendus sur de la paille, et nous entrâmes dans une petite pièce où il y avait un lit, sur lequel on étendit le colonel. Je m'assis sur une chaise auprès de lui, et ayant retiré ma guêtre, j'essayai tant bien que mal d'arrêter avec mon mouchoir le sang qui coulait abondamment de ma blessure. Quand mon mouchoir fut imbibé comme une éponge, je laissai ma jambe saigner sans plus m'en préoccuper; il se forma par terre devant ma chaise une petite flaque rouge : je n'aurais jamais cru avoir tant de sang! Puis les caillots coagulés sur le pantalon arrêtèrent eux-mêmes l'hémorragie. On m'a dit depuis que la balle m'avait coupé une artère.

C'était au presbytère que le hasard nous avait conduits.

Le capitaine D..., que je n'avais pas encore remarqué, s'approcha de moi et me fit boire quelques gorgées d'eau-de-vie de sa gourde.

« Que faites-vous ici ? lui demanda le colonel. Allez donc rejoindre votre compagnie ! —

« Mon colonel, je m'attache à vous ! Je veux vous soigner, je ne veux pas vous quitter dans l'état où vous êtes ! » s'écriait le gros homme épouvanté.

Au dehors, la bataille continuait ; de temps en temps un blessé, pâle, sanglant, noir de poudre, entrait et s'étendait silencieusement par terre.

« Que se passe-t-il ? » Une parole brève, plus souvent un simple geste découragé nous répondaient. « Plus on en tue, plus il y en a ! » me dit un mobile.

Bientôt nous fûmes douze dans cette toute petite chambre. Le colonel me fit une place auprès de lui, sur le lit, et, aidé par M. D…, je m'y étendis.

Il était environ deux heures ; tout autour de nous, la bataille rugissait. Les débris de notre colonne défendaient maison à maison le village où les Prussiens avaient pénétré presqu'en même temps que nous, lutte héroïque et désormais sans espoir, où se faisaient tuer pour l'honneur du pays nos mobiles et nos conscrits, héros obscurs de la jeune armée de la Loire, née d'hier, anéantie dans le grand désastre d'aujourd'hui. Les obus mugissaient sur nos têtes et s'abattaient à grand bruit tout autour de nous, les balles claquaient partout, notre cheminée s'écroula remplissant la chambre de poussière et de plâtras.

« Ce serait bête d'être tués sur un lit! » me dit le colonel.

« Ouvrez les fenêtres! » cria une voix brève et impérieuse dans le jardin.

Presque en même temps nos vitres volaient en éclats ; tout le fracas de la lutte nous arriva plus distinct, avec une bouffée d'air froid chargé de senteurs de poudre et de vapeurs de l'incendie : car le feu disputait à son tour aux combattants les ruines sanglantes et pleines de blessés où Français et Prussiens s'entre-tuaient.

Dans le jardin, quelques fantassins avec un officier faisaient le coup de feu, presque à bout portant, contre l'ennemi établi dans les jardins et les maisons voisines; les détonations des chassepots nous claquaient aux oreilles.

Alors, il me prit une envie fiévreuse, immense, d'aller m'asseoir auprès d'eux, pour tirer ne fût-ce qu'un seul coup de fusil ; j'essayai de

me lever, j'étais trop faible; je priai M. D...
de m'aider, il refusa. Juste en ce moment entrait un mobile de ma compagnie, nommé Poicheveux, le bras fracassé, la main trouée et
hideusement enflée, une bonne et sympathique
figure, toute contractée par la souffrance.
Quand il me vit, il me dit : « Vous aussi, mon
pauvre capitaine!.. » et de grosses larmes lui
coulaient des yeux. Alors, pourquoi ne pas
l'avouer? Je me retournai, face à mon oreiller,
et toutes les larmes désespérées qui m'étouf-
faient depuis quelques heures m'échappant à
la fois, je me pris à sangloter... Que celui qui
n'a pas subi une à une toutes les douleurs d'une
défaite, à l'âge des illusions, ne se permette pas
de m'accuser de faiblesse.

La lutte continuait, mais ce n'était plus le
bruit formidable de la grande bataille qui nous
arrivait; c'était intermittent et saccadé comme
le râle d'agonie de notre pauvre armée; dans
chaque explosion de cris ou de fusillade, dans
chaque détonation, de plus en plus rares, nous
cherchions une lueur d'espérance. — Un coucou
accroché au mur mesurait tranquillement les
longues minutes de ces longues heures.

Le jour baissait; déjà les lueurs rouges de

l'incendie se montraient sur le ciel assombri, quand soudain une clameur immense s'éleva, suivie d'une fusillade furieuse.

C'était une charge à la baïonnette : parmi tous les bruits du champ de bataille, il n'en est pas un qui puisse se comparer à celui-là.

Un immense espoir nous envahit; tout haletants, nous écoutions cette charge splendide, héroïque, qui s'avançait toujours, dominant de ses cris enthousiastes le bruit de la fusillade et du canon. Les notes hardies d'un clairon français sonnant la charge vibraient jusque dans nos cœurs.

C'étaient les zouaves pontificaux : la vieille France catholique chargeait l'ennemi sous l'étendard du Sacré-Cœur, jeune et vaillante comme aux plus beaux temps des preux !

Mais bientôt les cris diminuèrent, les derniers vinrent s'éteindre tout près de nous; les feux des salves corrects et réguliers des Prussiens continuèrent quelque temps, puis se turent. Au loin le clairon français sonnait la retraite.

Encore quelques coups de feu, isolés, irréguliers, de plus en plus rares, puis, plus rien...

Un grand silence se fit.

La nuit était tout à fait venue ; mais l'incendie qui dévorait morts et blessés dissipait les ténèbres ; la neige tombait en épais flocons.

Puis, tout à coup, les accents joyeux d'une musique militaire s'élevèrent dans ce silence de mort, et, à notre porte, nous entendîmes faire un appel... en allemand !

. . . .

Un personnage long et maigre, enveloppé de la tête aux pieds dans une étroite houppelande sombre entra, dans notre petite chambre.

« Je suis un général bavarois, dit-il avec un accent typique, avez-vous quelque chose à me demander ?

— Nous voudrions, dit le colonel, garder nos armes et être renvoyés dans nos familles.

— Certainement, dit le général, des blessés ne sont pas des prisonniers. »

Encouragé par tant de bienveillance, le colonel demanda qu'on lui rendît les papiers restés dans les fontes de son pauvre cheval, qui avait dû tomber à la porte de l'ambulance.

« Certainement, dit le complaisant général qui accordait tout. Je vais m'en occuper de suite. » Et il disparut.

Cinq minutes après, un petit officier, prussien, celui-là, entra casque en tête.

« Messieurs, vos épées! » dit-il. Ce devait être un habitué de nos boulevards; car il n'avait aucun accent.

« Un général bavarois vient de nous dire que nous les garderions.

— Allons! vite! vite! vos épées! »

Personne ne bougea; il semblait tenir beaucoup à ce trophée facilement conquis sur des blessés, fureta quelque temps parmi tous les corps étendus, ne trouva rien et s'en alla.

Je m'étais couché sur mon sabre auquel je tenais énormément; je l'avais porté en Terre Sainte et fait bénir au Saint-Sépulcre de Jérusalem à ma sortie de Saint-Cyr, et la veille, une balle l'avait éraflé. Quant au sabre allemand que j'avais pris, j'y tenais moins, et je l'ai perdu.

L'un des trois officiers qui s'étaient rendus à moi ne m'avait-il pas dit : « Ce soir, nous, peut-être vous demain! » Hélas! Cette sinistre prédiction, si ponctuellement réalisée, me revenait à l'esprit; la glorieuse attaque de Faverolles et la petite part que j'avais eu la bonne fortune d'y prendre comme commandant la compagnie d'avant-garde, me semblaient déjà reléguées dans un passé légendaire.

Tard dans la soirée, un officier français entra en disant : « Les Allemands préviennent qu'on va fouiller les ambulances et fusiller sur-le-champ tous ceux qu'on y trouvera sans blessure, s'ils ne se rendent immédiatement sur la place. »

« Vous jouez là un joli rôle ! cria quelqu'un.

— Croyez-vous que ce soit pour mon plaisir? » répondit le pauvre officier.

Le capitaine D..., malgré son dévouement au colonel, se hâta d'aller rejoindre la colonne de prisonniers, qui partit de suite pour l'Allemagne.

M. D... fut, à son retour en France, nommé chevalier de la Légion d'honneur.

Mon sous-lieutenant aussi, fut pris là.

Un incident grotesque vint presque égayer cette funèbre soirée. Un officier de mobile, étranger à notre régiment, se leva, puis se recoucha, se releva encore, vint en hésitant près du colonel de Montlaur et lui demanda s'il pensait qu'il fallût une blessure très grave pour rester sans danger à l'ambulance.

« Non, dit le colonel.

— Mais une blessure *très* légère suffirait-elle?

— Enfin, êtes-vous blessé, oui ou non? »

J'ai reçu une balle à la jambe... qui m'a effleuré... c'est-à-dire... qui a troué mon pantalon. »

Il se décida à rester. J'ai appris depuis avec plaisir, pour l'honneur de l'uniforme que je portais, que cet officier s'était évadé, avait rejoint son régiment, et racheté sa faiblesse d'un jour par sa brillante conduite en plusieurs affaires.

L'immense fatigue de deux jours de bataille, le bien-être relatif procuré par un matelas, après tant de nuits sous la tente, l'affaissement moral, peut-être aussi l'affaiblissement, me firent tomber dans un lourd sommeil qui m'empêcha d'entendre les horribles bruits de la chambre voisine, où l'on amputait. Mais en m'endormant, j'entendais le petit gémissement bref qui s'échappait, à longs intervalles réguliers, de la poitrine trouée par une balle, d'un pauvre petit sous-lieutenant de chasseurs à pied, couché près de notre porte. On me dit qu'il était mort vers une heure du matin.

Deux ou trois fois, je fus réveillé par des crampes, ou par un cri du pauvre colonel dont je heurtais, en dormant, le pied fracassé. Nous étions tous les deux englués dans le sang caillé et visqueux dont nous avions imbibé le matelas au point que le sang dégouttait sous le lit.

Notre première souffrance du lendemain fut cette soif ardente, inextinguible, que seuls connaissent les blessés. Ceux qui n'étaient atteints qu'au bras allaient nous chercher de pleins bidons d'eau.

Nous étions définitivement douze dans notre petite chambre. Sur le lit, le colonel et moi; le long du lit, sur de la paille apportée le matin, Gaston de Brisoult; puis, en long, en large, en travers sur la paille, un sergent-major de notre 3e bataillon, mobile de Maine-et-Loire, nommé Charnod; un vieux capitaine d'infanterie blessé à l'épaule, et passant tout son temps à se promener en enjambant les malades; un caporal d'infanterie, Marseillais et ancien cuisinier à bord d'un paquebot des Messageries impériales, blessé au bras gauche; un vieux chasseur à pied qui nous racontait ses glorieuses campagnes de Crimée, d'Italie et du Mexique, traversées sans une égratignure, enfin cinq autres blessés que j'ai peu remarqués. Au fond de la chambre était un petit réduit où couchaient l'officier blessé au pantalon, un sous-lieutenant de ligne, M. Leblond, frappé d'une balle au menton, enfin un petit chirurgien-major d'un régiment de mobile.

Une douzaine de mètres carrés contenaient tout cela. Pour se faire de la place, les plus valides essayèrent de jeter par la fenêtre un petit meuble intime. Étonnés de son poids, ils l'ouvrirent : bonheur inespéré ! Il était plein de pommes de terre !

Le Marseillais, caporal cuisinier, saisit cette aubaine de son bras valide et alluma un petit fourneau ; puis il alla glaner dans les sacs des morts qui peuplaient le village et la plaine, du riz et du biscuit, et avec tout cela, il fit à manger pour ceux d'entre nous que la fièvre ne suffisait pas à nourrir. C'était un maître débrouillard, ce Marseillais dont le bras unique nous nourrissait tous !

Tard dans la journée, le petit chirurgien de mobile se leva ; la vue de ses broderies éveilla l'espoir d'être pansés, mais, déclarant qu'il était brisé de fatigue, il retourna se coucher.

Le bon curé, qui avait confessé des mourants toute la nuit, vint prendre nos noms pour tâcher d'envoyer des nouvelles à nos familles, excellente pensée malheureusement irréalisable. Chacun de nous, pour ne pas inquiéter les siens, ajoutait « blessure légère » à l'adresse de sa famille. Seul, le vieux capitaine dit : « Écrivez à ma femme : blessure grave. » Comme il paraissait très alerte, nous nous récriâmes tous. Il répéta : « Mettez blessure grave, » et il reprit sa promenade mélancolique par-dessus les blessés. Était-ce un pressentiment? Sa blessure n'était vraiment pas très grave ; il devait cependant en mourir,' tué par un chirurgien.

Qu'étaient devenus tous nos amis? Le colonel, voisin et intime des Beaucorps, pria le curé de faire chercher parmi les morts le pauvre Geoffroy, qu'il reconnaîtrait à ce fameux caoutchouc blanc qui le désignait comme cible à tout le champ de bataille. Il nous semblait impossible qu'il fût vivant. Et cependant, sauf deux blessures assez légères, notre ami se portait assez bien pour suivre la colonne de prisonniers qui se dirigeait vers l'Allemagne et préparer une évasion hardie qui fut toute une odyssée.

Il avait tiré peut-être le dernier coup de feu de la belle défense de Loigny, dans le cimetière qui résistait encore alors que tout le village était aux mains des Allemands.

Un de nos mobiles vint vous dire, dans la journée, qu'il avait trouvé Raoul de Saint-Venant, vivant, mais grièvement blessé, dans une grange voisine.

Nous n'eûmes que peu à peu, et long-temps après, des nouvelles de nos autres camarades. Tristes nouvelles pour la plupart, puisque sur les vingt-trois officiers de notre bataillon, *dix-sept* étaient tués ou blessés! Et dans ces ambulances encombrées, toute blessure, si légère fût-elle, pouvait devenir mortelle.

M. de Charrette et le général de Sonis étaient dans la chambre voisine, celle où l'on amputait. Le colonel de Montlaur s'y fit transporter pour serrer la main du général de Sonis, son ancien camarade de Saumur.

Près du lit nous avions trouvé quelques livres, entre autres, je m'en souviens, celui de M. de Mirville sur les Esprits. Ces histoires fantastiques qui m'avaient tant impressionné en d'autres temps, me semblèrent singulière-

ment fades comparées à l'horrible réel qui nous
entourait. En revanche, je dévorai avec un vrai
bonheur les quelques pages d'un tout petit livre
de légendes de saints. Après tant de mois de
campagne, de souffrances, de batailles, cette
pure et douce poésie toute imprégnée de senteurs célestes, me parut un rayon du Paradis
brillant dans notre fétide ambulance!

Ainsi se passa la journée du samedi.

Le lendemain, nos camarades blessés au
bras allèrent aux nouvelles dans le village; ils
n'en rapportèrent que des récits de morts,
d'amputations, de douleurs. Les Prussiens
avaient emporté leurs blessés, et on évaluait à
dix-sept cents le nombre de Français gisant dans
ce petit village dont le tiers, au moins, était
consumé par le feu, et le reste à peu près dé-
truit par les obus.

Quant à notre armée, on n'en savait rien
que par la voix du canon, qui grondait au loin.
Mais si grande est la soif d'espérance, qu'en dé-
pit de tout, et sans oser nous l'avouer, nous
espérions encore, et quand même! Et souvent
nous voyons entrer un pâle blessé qui, tout
rayonnant, s'écriait : « Le canon se rapproche!
Les Français arrivent! »

On ne voyait plus d'Allemands, ils poursuivaient l'armée.

Cette journée du dimanche nous amena une grande joie. Dans la matinée, deux hommes apportèrent et déposèrent auprès de Gaston de Brisoult notre bon et cher ami Raoul de Saint-Venant, bien pâle, bien changé ; mais sur sa figure souffrante étincelait encore cette gaieté qui avait si souvent chassé les tentations de découragement pendant le cours de la campagne.

« On scie, on coupe par là ! Je me sauve ! » s'écria tout à coup une voix gaillarde.

C'était le colonel de Charrette qui entrait, s'appuyant sur un piquet de tente.

Quel magnifique soldat ! Je l'avais déjà vu, à Rome, et admiré ; mais dans cette petite chambre où il était blessé et prisonnier comme nous, tout frémissant encore de son splendide combat de l'avant-veille, que j'avais entendu, que plusieurs d'entre nous avaient vu, il m'apparut vraiment comme le héros ressuscité de quelque rayonnante légende de chevalerie.

M. de Charrette reconnut Raoul de Saint-Venant, ancien zouave pontifical de Rome, et lui lut la longue liste de ses morts ; l'émotion lui coupait souvent la voix, mais il secoua cette impression.

« Ç'a a été rude! N'est-ce pas qu'il fait meilleur fumer sa pipe au coin du feu? »

Et il se mit à jouer à l'écarté avec Brisoult.

Ce jour-là, nous entendîmes des cris lamentables dans la chambre à côté de nous. Ils allèrent diminuant pendant une demi-heure, puis cessèrent tout à fait.

On nous dit que c'était un malheureux blessé à la tête, qui venait seulement d'atteindre l'ambulance et d'y mourir presque aussitôt. Deux jours et deux nuits d'efforts surhumains pour arriver à mourir sous un toit, et quelles nuits! Hélas! combien d'autres avaient dû mourir dehors, pendant ces nuits glaciales?

Encore une journée de passée. J'avais le bonheur de posséder une bonne provision de tabac; ma pipe était bouchée, mais le colonel me prêtait la sienne. Il souffrait cruellement de sa blessure, le pauvre colonel; mais la souffrance ne pouvait rien sur sa gaieté, ni son charmant caractère. Quelquefois tout notre taudis, réceptacle de tant de douleurs, partait d'un éclat de rire à quelque saillie venue de notre lit ensanglanté. Quand, la nuit, je heurtais son pauvre pied blessé, c'est lui qui me demandait pardon du cri de douleur qui me réveillait. On est heureux d'avoir de tels hommes pour compagnons de jours semblables!

Il nous semblait que ce fût un rêve, un affreux cauchemar de fièvre, cette brusque transition de notre vie rude et active de plein air, au lourd repos de cette petite chambre encombrée et silencieuse, dans cette épaisse atmosphère chaude et fétide. Combien de temps devions-nous y passer? Quand s'occuperait-on enfin de nous?

Le lundi, on nous proposa de nous envoyer soit à Illiers, soit à Janville. On ne parlait plus de nous rendre à nos familles; peu à peu s'évanouissait cette espérance qui nous avait aidés à supporter les premières journées.

Je désirais aller à Illiers qui est près du Perche dont les sentiers me sont familiers; aussitôt guéri, il me serait facile de m'évader de là pour aller rejoindre l'armée. Mais le colonel penchait pour Janville; nous ne voulions pas nous séparer, et nous laissâmes partir le convoi de blessés pour Illiers.

On nous dit que les Prussiens permettaient à chaque officier blessé de garder avec lui une ordonnance. Je priai donc Poicheveux, mon mobile aux deux balles dans le bras, de chercher s'il trouverait dans le village un homme de ma compagnie très légèrement blessé. Il ne tarda pas à me ramener un très brave garçon, assez peu dégourdi, nommé Brossard.

« Brossard! fameux nom pour un brosseur! » s'écria M. de Charrette, qui continuait à venir souvent jouer aux cartes avec Brisoult.

Raoul et Gaston se procurèrent aussi des ordonnances de leurs compagnies respectives; ils eurent la main plus heureuse.

Le mardi arriva. Nos blessures, non pansées, s'étaient cruellement envenimées depuis le vendredi. Le sang figé et collant les vêtements formait de hideux bourrelets autour des chairs meurtries; nous respirions une atmosphère abominable. A vrai dire, nos nouvelles ordonnances s'étaient efforcées de nous panser tant bien que mal, plutôt mal; mais leur dévouement maladroit nous était d'un bien faible secours.

Nous eûmes du moins le bonheur de n'avoir pas de morts dans notre petite chambre, pendant ces cinq jours.

Le pauvre Raoul de Saint-Venant avait été

moins heureux dans la grange où on l'avait porté pendant la bataille.

Son voisin était mort au bout de quelques instants et il était resté cloué par sa blessure à ce pauvre cadavre. Le soir, le feu gagnait la grange et notre pauvre ami se voyait prêt à brûler vif quand un officier prussien entra. « Nous brûlons, faites-nous enlever, » lui cria Raoul.

« Ça serait par trop *criel* »! répondit tranquillement le Prussien en s'en allant.

Fort heureusement le feu s'éteignit tout seul, et le lendemain on débarrassa le pauvre Raoul de son funèbre compagnon.

Le petit chirurgien de mobile dont j'ai parlé continuait à se plaindre beaucoup. « Non, voyez-vous, disait-il en gémissant, vous ne pouvez vous imaginer à quel point je suis fatigué! Je suis brisé, anéanti! » Et il retournait en geignant dormir sur sa paille.

A la fin cela irrita le colonel.

« Pourquoi vous êtes-vous fait chirurgien? Êtes-vous médecin, oui ou non? Si vous l'êtes, votre devoir est de nous soigner; sinon, prenez un fusil et allez vous battre! »

Il s'approcha du lit : « Je suis bien médecin, dit-il, mais je ne me suis jamais occupé que de médecine aliéniste. » Et il commença de longues théories sur les fous. Cependant l'idée d'être envoyé au feu fusil en main avait, je crois, impressionné ce jeune homme; car, tout en causant, il détacha le linge qui enveloppait le pied du colonel, regarda son affreuse blessure, soupira, remit le linge aussi maladroitement que l'avaient mis les mobiles, et passa à ma jambe.

Saisissant une paire de ciseaux dans une belle trousse toute neuve, il coupa le bas de mon pantalon et de mon caleçon, collés à la chair. C'est là, je pense, un des plus importants services qu'il ait jamais rendus à l'humanité souffrante. Ma blessure, moins grave, lui plut sans doute davantage que celle du colonel, car il y introduisit une sonde. J'avais très peur, mais je souffrais peu; je crus, cependant, sentir le froid de la sonde sur l'os, et je fus tout surpris quand je la vis ressortir de l'autre côté de ma jambe. Il se mit ensuite à couper tranquillement avec ses ciseaux la peau déchirée qui frangeait les deux trous de la balle, me faisant, cette fois, très mal. Enfin il me mit quelques chiffons, me lâcha à ma grande joie, et passa à Brisoult, qui avait été frappé d'une balle à la cuisse. Il n'y avait qu'un trou; donc la balle était restée dans la blessure.

Le chirurgien aliéniste plongea la sonde dans la plaie. « Je tiens le canal! s'écria-t-il triomphant, en enfonçant sa sonde dans les chairs, cependant, je ne sens rien! » Et après un instant d'hésitation, il retira sa sonde. « Hélas! je m'étais trompé! Ah! cette fois, voilà bien le véritable canal de la balle! » Et la sonde disparut dans une autre direction. Elle entrait lentement et profondément, mais il ne sentait toujours rien! Je regardais avec épouvante le pauvre Gaston qui devait horriblement souffrir, mais ne disait rien.

« Il n'y a pas de balle! » déclara solennellement le petit chirurgien qui, satisfait d'avoir coupé mon pantalon et fait deux trous dans la chair vive de notre pauvre ami, se déclara beaucoup trop fatigué pour continuer ses opérations et retourna se coucher près du capitaine de mobiles blessé au vêtement, excellente pratique pour son genre de talent.

Le mardi, on vint enfin nous dire que le convoi pour Janville était prêt à partir. Deux hommes me prirent sous les bras et m'emportèrent au dehors. A la première bouffée d'air froid et pur qui m'arriva au visage, au sortir de la chambre infecte où nous avions langui cinq jours, il me sembla que je sortais de la tombe pour renaître ; mais quel spectacle !

L'église, entourée du cimetière, s'élevait sur une petite place, bordée par des maisons dont une bonne partie n'étaient plus que des ruines noircies par le feu (1). Les toits, les murs, les tombes, tout était bouleversé et brisé par les obus, criblé par les balles. Ces ruines étaient peuplées de cadavres dans toutes les positions, les uns étendus, d'autres accroupis, agenouillés ou presque debout contre les murs.

Entre les rangs pressés de cette foule silencieuse circulaient, silencieux aussi, des hommes portant des blessés, des charrettes chargées de morts oscillant aux cahots, des prêtres allant absoudre des mourants. Devant la porte du presbytère, un amas de bras et de jambes coupés, déchets des amputations, livides, gelés. Dans le cimetière, cinq ou six hommes creusaient une fosse énorme au bord de laquelle s'allongeait une immense rangée de cadavres, des

(1) Tout le village, y compris l'église, a dû être rebâti à neuf ; il ne subsiste que deux maisons datant de la bataille.

zouaves pontificaux surtout, et sur eux se penchaient, presque aussi pâles, quelques blessés cherchant sans doute à reconnaître un visage ami parmi toutes ces figures contractées et glacées.

Sur la place nous attendaient cinq ou six charrettes attelées. On me porta d'abord vers une sorte de tapissière. Sur la banquette de devant étaient assis trois sergents-majors de zouaves pontificaux, droits, blancs et rigides comme des morts; l'un d'eux, M. de Villebois, mourut le surlendemain.

Cette voiture étant pleine, on me porta à une carriole où je fus bien heureux de pouvoir me coucher sur mon sabre, car quelques Prussiens rôdaient sur la place. Près de moi, on déposa ensuite le sergent Deschênes, de mon bataillon, puis M. de Mornac, chef de bataillon d'infanterie.

On installa dans une autre carriole le colonel de Montlaur, Raoul de Saint-Venant, Gaston de Brisoult, et le sergent-major Charnod, qui avait demandé à ne pas être séparé de ses officiers.

Ceux qui étaient en état de marcher devaient faire la route à pied; c'étaient, entre

autres, M. Leblond, lieutenant d'infanterie, blessé au menton, M. Hauvert, officier aux braves
francs-tireurs de Tours et Blidah, qui avaient
chargé avec les zouaves pontificaux, il avait
un bras fracassé; enfin nos trois ordonnances
Rossignol, Coutable et Brossard. J'avais vivement recommandé à ce dernier de ne pas s'écarter à plus de trois pas de ma charrette.
Pour en finir de suite avec mon pauvre moblot,
il ne m'obéit pas, fut pris par les uhlans et
envoyé en Prusse.

Le convoi s'organisait avec une lenteur
désespérante; il faisait un froid glacial, et nous
attendions toujours.

Quelqu'un eut la charité de nous donner un
édredon,

Deux cadavres prussiens étaient allongés
contre la roue de notre véhicule.

L'un d'eux, casque en tête, jugulaire sous
le menton, sac au dos, était carbonisé jusqu'à
la ceinture. Les cheveux roux qui s'échappaient
du casque, la grande barbe rousse et inculte,
les yeux grands ouverts, donnaient un air horriblement farouche à ce tronc qui se terminait
par les os grêles et noircis des jambes; c'était
une sorte d'apparition fantastique qui me re-

gardait avec des yeux vitreux que j'aurais voulu pouvoir fermer.

L'autre était couché la face contre terre ; je ne voyais de sa tête que ses cheveux d'un blond très pâle. Il me semblait d'une longueur démesurée, et me rappelait ces géants de Poméranie, que dans mon enfance j'avais tant admirés à Stettin. Je ne sais pourquoi, en le regardant, je me rappelai un petit garçon, à peu près de notre âge, que mon frère Georges et moi nous rencontrions presque tous les jours, quand il se promenait, comme nous, avec sa bonne. Nous avions fini par l'aimer beaucoup, sans le connaître, et nous l'avions surnommé « les petites bottes jaunes ». Bien peu probable que ce pauvre grand cadavre fût précisément les petites bottes jaunes de Stettin, mais ce souvenir, si longtemps endormi et réveillé là soudain, me serra le cœur.

Un homme prit enfin notre cheval par la bride, et nous partîmes ; mais on arrêta notre charrette à la dernière maison du village. Deux hommes apportaient un caporal de zouaves pontificaux, tout jeune, qui poussait des cris affreux. Un Prussien en faction près de là repoussa les hommes qui portaient le pauvre petit caporal Frotot avec une insouciance brutale, et, posant son fusil contre le mur, il prit le blessé dans ses bras comme un petit enfant et le déposa dans notre carriole avec une délicatesse maternelle. J'eusse embrassé cet ennemi de bon cœur.

On apporta encore un autre zouave pontifical, M. de Ferron, et nous nous remîmes en marche.

Sur une étendue de trois lieues au moins, les champs qui bordaient la route étaient couverts de débris de toutes sortes, affûts, voitures, armes, casques, sacs, entre lesquels gisaient des cadavres dans toutes les positions, tantôt dispersés à de lointains intervalles, tantôt groupés comme pour mourir en s'appuyant les uns sur les autres, ou bien alignés par files, sans doute sur la trajectoire d'un boulet. Sur une butte, un fourrier de mobiles, couché sur le dos, élevait ses deux bras vers le ciel, comme pour un appel désespéré. Était-ce mon pauvre Tavenot? Comment la mort avait-elle pu immobiliser pour toujours ce geste violent qui dominait d'une façon sinistre une grande étendue du champ de bataille? Des képis blancs et des remingtons brisés, répandus à profusion entre une

longue ligne de cadavres drapés dans des couvertures multicolores, formaient dans la plaine
une longue traînée que nous regardions avec
une douloureuse fierté; c'était le sanglant sillon
tracé à travers la bataille, de Loigny à Goury,
par notre vaillante mobile de Loir-et-Cher.

Que de bruit, que de tumulte, cinq jours auparavant! Quel calme dans cette multitude
immobile et glacée! Dans le grand silence,
nous entendions les allouettes chanter en montant vers le ciel. Bien au loin, le canon grondait encore sourdement : l'œuvre de mort continuait.

Notre file de charrettes avançait en caho-
tant, sur la route pierreuse; notre vue s'étendait
comme en pleine mer, aux limites extrêmes de
l'horizon : partout des morts! Quelques tombe-
reaux circulaient entre eux; on les emplissait de
cadavres qu'ils apportaient à des carrières abandonnées, où des terrassiers les enterraient.

Je fus surpris de l'énorme quantité de chevaux tués gisant sur ce champ de bataille où
la cavalerie n'avait presque pas donné.

Nous traversâmes le gros village de Lumeau; il était à notre droite, le jour de la bataille. Il avait moins souffert que Loigny, car

on ne s'y était pas battu de maison à maison. Sans le drapeau blanc à croix rouge flottant sur le clocher, et annonçant que l'église renfermait une foule souffrante, on eût pu croire le village absolument désert : pas un être vivant dans la grande rue toute ensoleillée, pas une poule dans les vastes cours des fermes, pas un aboiement de chien ; tout au plus, çà et là, un chat effaré disparaissant comme une ombre.

Enfin, nous entendîmes le bruit d'une charrette ; la vie se manifestait. La charrette passa près de nous ; elle était pleine de cadavres raidis dans les positions les plus forcées ; enchevêtrés ensemble dans un horrible fouillis, bras, jambes, têtes aux regards fixes et vitreux oscillaient à tous les cahots. Sur le sommet du tas se tenait en équilibre instable un pauvre fantassin à genoux, et appuyé des mains à un camarade. De la tête, levée très haut, on ne voyait, à travers une couche de sang figé, que les yeux fixes, et les dents blanches, découvertes par une crispation de la bouche qui semblait un rire ; et le tout se balançait de droite et de gauche avec des mouvements vivants. Il avait positivement l'air de faire une farce très comique, ce pauvre mort accroupi des genoux et des mains, sur les cadavres de ses camarades. C'était hideux comme un cauchemar.

Plus loin, je vis deux femmes, portant des marmites, se glisser le long des murs avec des allures épouvantées, et disparaître dans l'église.

Un peu après Lumeau, nous quittâmes le champ de bataille; bientôt disparut dans l'éloignement la funèbre moisson d'hommes et de chevaux étendus sur la plaine immense.

Depuis deux heures, nous défilions, nous les déchets vivants de la grande bataille, entre les cadavres de nos frères d'armes et de nos ennemis, avec une profonde émotion et dans un religieux silence.

Quand nous ne vîmes plus nos pauvres morts, nous commençâmes à causer. Le commandant de Mornac me demanda où j'avais servi, et, apprenant que c'était au 16e, il me parla de plusieurs de mes anciens chefs et camarades avec la calme précision d'un vieil officier ferré sur l'Annuaire. Il faisait un froid si violent, malgré le brillant soleil, que, tout en me parlant, le pauvre commandant eut le pied gelé sous l'édredon qu'on nous avait donné.

En traversant un village où quelques cavaliers prussiens ferraient leurs chevaux, le lieutenant Leblond entra dans une ferme pour chercher à manger. Des uhlans le suivirent et lui dirent quelque chose qu'il ne comprit pas. Alors, bien que le pauvre officier fût désarmé, et que le linge sanglant dont sa tête était enveloppée le désignât clairement comme blessé du convoi, un des uhlans lui tira brutalement un coup de revolver à bout portant. Le lieutenant, déjà blessé, eut la jambe traversée, et ne fut ramené à Janville que quelques jours plus tard.

Un peu plus loin, nous rencontrâmes une troupe de cavaliers anglais, ambulanciers volontaires, portant le brassard de Genève. L'un d'eux remit à Gaston de Brisoult une petite somme, en le priant de la distribuer entre les soldats blessés du convoi. Ce témoignage de sympathie d'étrangers neutres nous fit grand plaisir à tous.

La route semblait s'allonger indéfiniment!

Nous allions au petit pas, et depuis plus de deux heures nous voyions, toujours à la même distance, le gros clocher de Janville. Chaque cahot arrachait des cris de douleur au pauvre Frotot, et le charretier qui marchait en tête du cheval ne s'en inquiétait guère; certes il ne se fût pas dérangé d'une ligne pour éviter une pierre ou une ornière.

A la fin, le sergent Deschênes, indigné de son indifférence, prit les guides, s'assit comme il put sur le brancard, et conduisit lui-même la charrette en évitant les cahots les plus violents.

Au bout de cinq heures de route qui nous avaient paru à tous longues comme des années, nous arrivâmes enfin à Janville.

Les voitures qui nous précédaient étaient arrêtées sur une place; un officier prussien, commandant d'étape ou chirurgien, je ne sais, donnait l'ordre à tout le convoi de continuer jusqu'à Toury, à trois grandes lieues encore!...

J'eusse préféré, je crois, être abandonné sur la route. Mais la Providence nous envoya la supérieure de l'hospice de Janville.

« Non, Monsieur! s'écria-t-elle avec énergie, ces blessés ne vous appartiennent pas, ils sont à moi, et ils n'iront pas plus loin! » Le Prussien voulut protester. « Allez! » cria impérieusement la vieille religieuse aux charretiers, qui obéirent. « Et vous, Monsieur, qui voulez faire souffrir inutilement ces blessés, vous êtes un misérable ! »

Nous assistions tout émus à cette scène dont l'issue nous intéressait tant, bénissant de tout cœur la sainte énergie de la bonne religieuse, mère Saint-Henri au couvent, Mlle de Saint-Guilhelm dans le monde. Son dévouement aux blessés inconnus qu'elle réclamait comme siens reçut de suite une douloureuse mais précieuse récompense. Son propre neveu, M. du Bourg, zouave pontifical, se trouvait dans le convoi, mais hélas ! blessé à mort. Il languit quelque temps, et la bonne mère Saint-Henri eut la triste consolation d'entourer son lit de mort d'une affection maternelle.

Notre charrette s'arrêta devant une maison de bonne apparence. Une voix cria : Il y a précisément quatre lits ici ! Nous étions cinq dans notre charrette : le commandant de Mornac, Deschênes, de Ferron, Frottot et moi. Ne voulant pas me séparer de mes amis, je refusai de me laisser descendre ; on insista, je refusai encore ; alors on conduisit la charrette sous un petit hangar, on détella le cheval, et je restai là tout seul.

Une demi-heure s'écoula ; aucun bruit ne

venait plus jusqu'à moi.; j'étais parfaitement oublié. Le pire, c'est que j'étais placé face au mur; impossible de me retourner pour voir sur la route; ma position, quoique ridicule, n'avait rien de drôle, et je calculais combien de temps je pourrais vivre dans ma carriole avant d'être gelé à mort, quand derrière moi, sur la route, j'entendis une charrette, puis la voix de Raoul de Saint-Venant.

Je me mis aussitôt à appeler et à crier de tous mes poumons, sachant bien que si la charrette passait, j'étais définitivement séparé de mes amis.

Un gros homme accourut et avec force bonnes paroles, me descendit de voiture et m'emporta dans ses bras, comme un enfant, jusqu'à la bienheureuse charrette où je retrouvai mes amis du régiment et du pays.

« Où allons-nous? demanda le colonel.

— Qui le sait?

— Attendez un peu, » dit Gaston de Brisoult, le plus ingambe de nous tous, bien qu'il dût rester le plus longtemps infirme. Il se fit descendre, et, clopin-clopant, s'aidant d'un piquet de tente, il entra dans une grande ferme toute proche.

Au bout d'un quart d'heure d'anxieuse attente nous vîmes reparaître Gaston, l'air tout joyeux.

« Arrivez tous ! j'ai notre affaire » !

Quelques instants après, nous étions tous les cinq autour du feu, dans une vaste chambre où plusieurs femmes se hâtaient d'installer cinq lits de fer.

Il me semble, quand j'y songe, ressentir encore la volupté ineffable avec laquelle j'entrai dans mon lit !

Tous, même le colonel, même le pauvre Charnod, dont les jours étaient comptés, nous nous abandonnions à une joie d'enfants. Un lit, un vrai lit, après l'horrible trajet de Loigny à Janville, après cinq jours de la fétide petite chambre du presbytère, après combien de nuits, soit dans un sillon, soit sous la tente ? N'en déplaise aux poètes sentimentaux, ce cher petit lit blanc et chaud de Janville est un des plus doux souvenirs de ma vie !

Nous n'étions pas au bout des joies de cette journée : une heure après notre arrivée, nous vîmes paraître la cornette bénie des sœurs de charité, et nos blessures furent enfin lavées et pansées !

Elles en avaient terriblement besoin, et ce fut une laide besogne que les sœurs accomplirent avec une gaieté, un entrain qui nous faisaient rire avec elles.

L'une de ces sœurs fut spécialement chargée de nous, et nous eûmes le bonheur de la garder pendant tout notre séjour sous la Croix rouge, à Janville.

Chère petite sœur Saint-Laurent! Jamais ces lignes ne franchiront les murs de votre couvent; sinon je n'oserais parler de votre existence, soigneusement cachée au monde.

Parmi tant de souffrances que vous vous êtes donné pour mission de soulager, les nôtres ont passé inaperçues, car vous oubliez pieusement le bien que vous avez fait, certaine que Dieu n'oublie rien. Mais nous, dont vous fûtes pendant deux mois le doux ange gardien, nous ne l'oublierons pas non plus.

Les années ont passé, depuis ces jours de deuil, pour vous dans le saint et paisible recueillement du cloître, pour nous dans l'agitation, les nombreux soucis, et les rares joies de la vie. Dans vos souvenirs, vos blessés de Janville n'existent plus que confondus en une même prière pour tous les malades au chevet desquels vous

vous êtes assise; mais eux, tant qu'ils vivront, ils garderont religieusement le souvenir de vos soins, des douces paroles qui chassaient découragement et tristesse, du joyeux rayon qui entrait avec vous dans l'ambulance, quand paraissaient sur le seuil votre cornette blanche et votre joli visage.

Vaincus, blessés, prisonniers, loin des nôtres, sans nouvelles de ceux que nous aimions et que nous savions exposés à tous les hasards d'une guerre sans merci dont nous étions des épaves, nous avons trouvé par vous le premier soulagement de nos souffrances physiques et morales; vous avez pansé les unes et les autres avec votre dévouement de femme, votre délicatesse de jeune fille, votre cœur de sainte; vous avez été le premier rayon de soleil après l'orage qui nous avait abattus. Soyez bénie, chère petite sœur, et que Dieu vous rende au centuple tout le bien que vous nous avez fait pour l'amour de lui.

. . . .

Une foule de visiteurs vint nous tirer de l'extase où nous avait plongés tant de bien-être. Chez eux, une respectable dose de curiosité se joignait à une extrême bienveillance; Janville n'avait pas encore reçu de blessés, et nous étions un événement qu'il fallait absolument constater de ses yeux.

J'avais envie de réciter, du fond de mon lit, un petit boniment à la foule très sympathique, d'ailleurs, et extrêmement obligeante, qui se pressait dans notre chambre, pendant les premières heures de notre installation.

« Entrez et regardez tant qu'il vous plaira, Messieurs et Mesdames, la vue n'en coûte rien ! Voyez ! Un lieutenant-colonel, un capitaine (votre serviteur), un lieutenant, un sous-lieutenant, mobiles de Loir-et-Cher ; un pauvre sergent-major, bien malade, de Maine-et-Loire, mais enrégimenté avec nous ; tous cinq blessés authentiques et garantis de la bataille de vendredi dernier, tout fraîchement arrivés en droite ligne du champ de bataille en cette ville pour se faire soigner chez la bonne Mme Haquet, qui leur a dressé cinq lits en son salon. — Entrez ! Voyez ! Regardez ! Mais ne touchez pas ! Défense d'exciter les blessés ! »

Quand on n'en a pas l'habitude, le rôle d'animal curieux manque un peu de charmes.

Je me hâte d'ajouter que la bienveillance extrême des habitants de Janville à notre égard ne se démentit pas un instant pendant tout notre séjour, et qu'elle ne se manifesta pas longtemps par d'aussi nombreuses visites que le premier jour.

Bastien, nous voyant très fatigués, fit évacuer la salle. L'excellent Bastien était le gros homme qui m'avait enlevé de ma charrette, sous le hangar. C'était un ancien zouave, marchand de tabac, armurier, un peu épicier aussi, je crois, à Janville. Un noble et tendre cœur battait sous son enveloppe épaisse et un peu triviale ; c'était un de ces hommes qu'on est heureux d'avoir rencontrés dans la vie ; car ils font aimer l'humanité.

Rien d'amusant comme ses entretiens avec le colonel de Montlaur.

« Monsieur Bastien, pourriez-vous avoir l'obligeance de me procurer un oreiller?

— Je le crois f... bien, mon colonel! » Et Bastien de partir en courant. Quand il revient : « J'ai été b.....t longtemps, mon sacré parapluie (sa femme) était sorti! Mais j'ai trouvé tout de même! Tenez, mon vieux brave, f...tez-vous ça sous le porte-pipe! »

J'étais toujours couché sur mon sabre, je le confiai à Bastien qui l'emporta quand il fit nuit, et j'appris le lendemain, avec un vrai bonheur, que sabre et revolver, revêtus d'une épaisse couche de graisse, reposaient au fond du puits de Bastien, désormais bien à l'abri des Prussiens.

Nous espérions tous dormir profondément, nous étions enfin si bien! Ce fut un effet tout contraire que nous produisit l'excès de bien-être, et nous passâmes une grande partie de la nuit à causer. Certes, les sujets de préoccupation ne nous manquaient pas. Qu'allait-on faire de nous? Quand verrions-nous un chirurgien? Quelles opérations nous ferait-il subir? Les Prussiens ne nous enverraient-ils pas en Allemagne? Nos fonds réunis constituaient-ils un capital suffisant pour faire face aux premiers besoins? Oui, Dieu merci! Et toujours notre conversation revenait à cette fatale bataille de Loigny, aux amis que nous y avions vus tomber, à ceux dont le sort nous était inconnu. Quelle consolation, du moins, d'être ainsi réunis!

Notre existence au lit se régularisa le lendemain. Nous étions dans une de ces vastes et opulentes fermes de Beauce qui n'ont leurs rivales qu'en Normandie. Nos cinq lits étaient dressés dans un grand salon fort propre et démeublé. Rossignol et Coutable, les moblots de Gaston et de Raoul, couchaient sur des matelas par terre. Brossard, le mien, avait disparu, et le colonel avait négligé d'en prendre un; du reste, deux hommes de plus n'auraient pu que nous embarrasser.

Nos hôtes étaient d'excellentes gens; la mère, Mme Haquet, nous faisait manger et nous abreuvait de tisane; elle venait souvent nous voir avec sa fille, une gentille personne d'une vingtaine d'années. Le cher Gaston de Brisoult avait eu la main heureuse en nous découvrant ce gîte!

Le sergent Deschênes venait chaque jour, appuyé sur son piquet de tente, cette canne naturelle du troupier blessé, et nous priait, en riant, de lui faire une petite place chez nous.

Il était lui-même fort bien, nous dit-il, mais seul. Nous l'engageâmes à venir tant qu'il voudrait, puisqu'il pouvait marcher, mais deux ou trois jours après, il ne vint plus; la sœur nous apprit que sa blessure au genou s'était envenimée, et qu'il devait garder le lit. Nous n'en fûmes pas surpris: nos propres blessures devenaient plus douloureuses. Le colonel, et surtout le pauvre Charnod souffraient cruellement; moi-même je fus pris d'une fièvre assez violente; malgré tout, on riait encore.

Le brave Bastien ne nous quittait guère. Il arrivait généralement tout ému.

« Vous n'entendez pas, là-bas?

— Non, quoi donc?

— Mais le canon! Ayez pas peur! C'est ce soir que nous voyons les culottes rouges! Paraît qu'on leur a f.. tu hier une drôle de tripotée à ces N. de D. de Prussiens! »

D'autres fois il se précipitait vers nos lits, et, les yeux pleins de vraies larmes, il nous serrait les mains à les briser : « C'est fini, cette fois! Vive la France! Les fuyards à paratonnerre arrivent! Quelle sacrée débâcle! Guérissez bien vite pour arriver avec les autres à Berlin! »

Pauvre Bastien! Sa naïve confiance au succès final de la guerre nous faisait mal.

Nous étions soignés par le docteur Lebel, un Polonais d'une trentaine d'années, grand, maigre, pâle, qui nous pansait sommairement et passait de longues heures à causer avec nous, et à nous raconter des épisodes insensés de la dernière insurrection polonaise.

Un soir, il nous raconta avoir cheminé avec sa troupe sur les branches d'arbres d'une forêt sous lesquelles passait un détachement russe.

« Vous m'avez donné la fièvre, docteur, lui dit le colonel le lendemain matin. J'ai rêvé toute la nuit que je faisais une étape avec mon régiment sur les pointes des casques d'une colonne prussienne, et sous les semelles des bottes d'une autre colonne ! »

Un peu susceptible, comme tous les hableurs, le docteur fut légèrement froissé. C'était, du reste, un aimable et joyeux compagnon, très spirituel, très complaisant, depuis peu fixé à Janville, et qui nous aidait à passer le temps, sinon à guérir.

Quelques jours se passèrent sans incident. Les sœurs nous quittaient toujours vers le coucher du soleil. Un soir nous les vîmes revenir vers neuf heures. Qu'arrivait-il donc ?

Hélas ! C'était le chirurgien-major, chef de toutes les ambulances françaises établies après la bataille de Loigny.

Rien d'horrible, dans l'existence de soldat, comme l'attente du chirurgien quand on est blessé ! Qu'est-ce que le canon qui tue à grand bruit, la balle qui siffle, ronfle ou gazouille, même la pointe brillante de la baïonnette, comparés à ce tortionnaire qui arrive, froid et iné-

vitable comme le destin, qui retrousse ses manches, qui déploye soigneusement ses instruments
de torture, en réclamant une cuvette d'eau tiède
pour laver ses mains, quand elles seront dégoû-
tantes de sang?

Quand je vis près du lit de mon pauvre colonel cet homme entouré de ses aides, tous vêtus
de tabliers de bouchers, ouvrir la trousse et y
choisir; quand la bougie fit étinceler toutes ces
pointes acérées, ces tranchants aigus, ces scies
droites ou courbes, ces pinces crochues et dente-
lées, un éblouissement me fit fermer les yeux :
la peur me prit, oui, une peur insensée! Il me
semble que j'appelai Dieu à l'aide, et la guerre,
je m'en souviens, m'apparut sous un aspect hideux que les flots de sang et les monceaux de
cadavres de Loigny ne m'avaient pas encore
révélé!

Le lit du colonel touchait presque le mien;
mais je n'osais regarder. Un gémissement con-
tenu m'apprit que l'opération commençait; la
sonde entrait à la suite de la balle qui avait traversé le pied de bout en bout, brisant tous les
os sur son passage. « Singulier trajet! » disait
le chirurgien, M. Beaumetz, en promenant lentement sa sonde à travers tous ces ravages. « Il y

a beaucoup d'esquilles, elles viendront petit à petit; mais attendez, je vais vous en retirer quelques-unes! » J'entendis remuer la trousse, il changeait d'instrument, les pinces succédaient à la sonde. Le pauvre colonel était admirable de courage, j'entendais sa respiration bruyante. irrégulière, puis, parfois, un cri sourd. Le temps me semblait horriblement long. « C'est fini, dit enfin M. Beaumetz. Voyez ce que je vous ai retiré! » J'ouvris les yeux, et j'aperçus deux ou trois fragments d'os entourés de chair dans une main pleine de sang tendue vers le colonel.

« A vous! » me cria M. Beaumetz.

Je crus que j'allais défaillir pendant qu'il enlevait lestement les bandages de ma jambe; faiblesse honteuse et sans cause, car, franchement, il ne me fit pas grand mal en plongeant sa sonde à travers ma jambe.

« Simple séton, l'os frôlé, rien de cassé; ce n'est rien; vous pouvez vous vanter d'avoir de la chance! »

Cette fois, je ne méritais plus mon surnom de Saint-Cyr, *le caporal Pas-de-Chance!*

Tout ému de joie, je regardais comme un doux ange du Bon Dieu la chère petite sœur dont la cornette s'agitait avec des frémissements d'ailes blanches au-dessus de ma jambe qu'elle enveloppait d'une bande démesurément longue, quand un cri de douleur retentit à mon oreille. M. Beaumetz plongeait son bistouri dans la cuisse du pauvre Raoul de Saint-Venant; le manche seul en était visible, toute la lame se promenait dans la chair vive.

« Allons! allons! bon courage, mon pauvre enfant, disait l'opérateur tout en tailladant. Ces nouveaux calibres de fusils sont si petits qu'il faut toujours agrandir le canal de la balle pour l'aller chercher! »

Quand l'entaille lui parut assez large, il y mit une pince, mais en vain. Nouveau coup de bistouri.

Le pauvre Raoul se raidissait contre la douleur; mais de temps en temps, un cri aigu faisait tout vibrer dans la chambre. « Je crois enfin sentir quelque chose, dit le docteur, le doigt plongé dans la plaie jusqu'à la main. Vous allez être bien surpris! »

Et, reprenant son bistouri, il fit dans toute l'épaisseur de la cuisse et jusqu'à l'os, une entaille assez large pour y introduire la main entière. Le supplice de mon pauvre ami allait-il

donc durer toute la nuit? Enfin, le docteur retira de la plaie non pas une balle, mais un
disque de plomb de l'épaisseur d'un sou.

« Voilà un fémur solidement trempé ! s'écria le
docteur triomphant, la balle l'a frappé par la
pointe, s'est aplatie dessus et a tourné autour; j'ai dû l'aller chercher sous l'os ! A un
autre ! »

C'était le pauvre Gaston de Brisoult, déjà re-
devable au petit médecin aliéniste de Loigny, de
deux trous de sonde dans la jambe, outre celui
de la balle.

Tout en déblatérant contre la maladresse des
chirurgiens improvisés, M. Beaumetz plongea
à son tour la sonde dans ce labyrinthe de blessures et fouilla et chercha longtemps; le pauvre
Gaston ne disait absolument rien; quelle douleur devait cependant causer la sonde allant,
venant, parcourant en tous sens les muscles et
les nerfs déchirés par la balle, froissés et meur-
tris par tant de recherches ! Cela dura horriblement longtemps, et M. Beaumetz, après avoir
pratiqué un quatrième canal, finit par déclarer,
comme l'imbécile de Loigny, que la balle avait
dû ressortir par son trou d'entrée.

Il n'est trajet si bizarre que les balles ne puissent faire. Cependant le grand chirurgien et l'aliéniste se trompaient tous deux, car notre bon ami Gaston, après avoir boité très longtemps, puis marché, chassé, voire même patiné comme un autre, eut un jour un abcès à la jambe, et son médecin en tira la fameuse balle, tant cherchée *deux ans* auparavant.

M. Beaumetz sonda la blessure du pauvre Charnod, qui avait reçu une balle dans la hanche, et, l'ayant agrandie avec son bistouri, il y mit d'abord le doigt, puis la main, puis de fortes pinces.

Alors se passa une de ces choses qu'on voudrait ne pas avoir vues. La balle, logée dans le bassin, était introuvable; des fragments d'os brisés gênaient les recherches, le docteur se mit à les extraire.

Pendant les premières minutes, Charnod souffrit avec un courage héroïque, mais, la douleur devenant trop atroce, des gémissements déchirants retentirent longtemps, car cette horrible opération semblait ne devoir jamais finir, puis les cris s'affaiblirent; ce ne fut bientôt plus qu'une espèce de râle, entrecoupé par des invocations à voix basse : « Mon Dieu! mon Dieu! mon Dieu! » On n'entendait

que cette voix, à peine perceptible, et cet horrible râle sifflant, et le craquement des os et de
la chair, dans cette chambre pleine de monde.

Tenant ses tenailles à deux mains, et les genoux sur le lit, le chirurgien employait toute
sa force à arracher de ce pauvre corps des fragments d'os auxquels adhéraient des lambeaux
de chair. Je crois que cela dura bien dix minutes.

Quand M. Beaumetz vint près de moi laver
ses mains et ses outils, je lui demandai tout bas
pourquoi il n'avait pas au moins chloroformé
notre malheureux camarade.

« L'opération était trop longue, c'était le
tuer.

— Peut-il en réchapper?

— Impossible!

— Alors, pourquoi le martyriser ainsi?

— Il faut bien tenter quelque chose! »

Pauvre Charnod! Jusqu'alors, malgré ses
grandes douleurs, il avait causé, parfois même
ri et plaisanté avec nous; mais depuis cette
horrible nuit, il ne parla plus guère, et ne rit
plus jamais.

Raoul de Saint-Venant lui-même, notre
boute-en-train, devint silencieux et triste : sa

pâleur et son expression souffrante faisaient peine à voir.

Le lendemain, un habitant de Janville vint demander le capitaine de Maricourt. Je me nommai.

« Mon neveu Fouquet, qui est dans une ambulance à côté d'ici, vous envoie ses compliments et demande si vous pourriez lui donner un peu de tabac. »

Fouquet était un des meilleurs soldats de ma compagnie, un de ces garçons modestes et tranquilles qu'on ne remarque pas tout d'abord, mais qu'on apprécie vite en campagne; je connaissais sa famille, dans le Vendômois. J'ignorais qu'il fût blessé et à Janville. Hélas! on venait de lui couper la jambe! J'avais un peu de tabac que je partageai avec mon pauvre mobile. L'oncle revint le lendemain.

« Mon neveu, me dit-il, m'a bien chargé de vous remercier de votre tabac. Comme j'arrivais, M. le curé sortait de lui porter le Bon Dieu; il a fumé une pipe avec grand plaisir, puis il m'a dit : « Mon oncle, j'ai sommeil, je crois que je vais bien dormir; il a fermé les yeux, et il est mort! »

Cette mort, d'ailleurs si paisible, me fit

un profond chagrin; c'était le premier de mes chers moblots, à moi, dont j'apprenais la mort à l'ambulance.

Raoul allait très mal, sa blessure ne suppurait plus, sa jambe enflait énormément. La sœur ne pouvait plus cacher entièrement son inquiétude.

Un soir qu'elle me pansait moi-même, je me penchai à son oreille pour lui demander tout bas : « Comment va-t-il?

— Il est perdu! Je ne sais pas s'il passera la nuit! »

Pauvre cher ami! Que de souvenirs me revinrent en foule, et des festins des jours de bombance, et des biscuits des jours de détresse, et de la fumée des feux de bivouac arrosés de neige, et des plaisanteries qui chassaient découragement et tristesse! Le joyeux rayon de gaîté, qui, malgré tout, éclairait encore cette belle et loyale figure amaigrie et souffrante, allait-il donc s'éteindre pour toujours sur la face blanche et rigide d'un mort?

La chère petite sœur s'approcha de lui avec une tristesse qui ne lui était pas habituelle: soudain, elle se mit à rire aux éclats! Je me relevai sur mon lit stupéfait, et je la vis pressant avec énergie l'énorme jambe de Raoul.

Impossible de raconter, même en une histoire d'ambulance, l'effet de cette pression. Mais la jambe désenflait à vue d'œil : le terrible phlegmon diffus, qui tuait tant de blessés, était évité, Raoul sauvé ! La sœur nous montra, triomphante, une petite rondelle de pantalon, artistiquement découpée par la balle, et entrée avec elle en pleine chair C'était ce qui empêchait la suppuration ; cette toute petite chose avait failli tuer notre ami. Pauvres nous! Que notre vie tient à peu de chose!

Quelques jours après, le docteur et les sœurs nous dirent que nos hôtes ne seraient pas fâchés de rentrer en possession de leur chambre, et nous proposèrent d'aller à l'ambulance établie de l'autre côté de la rue. Il fallut se résigner à ce déménagement qui devait nous séparer, et l'excellent et robuste Bastien nous emporta tous les cinq, comme des poupons en maillots, dans notre nouveau logis.

Raoul, Gaston et le pauvre Charnod occupèrent une chambre à eux trois. Le colonel et moi fûmes portés dans une autre pièce, où se trouvaient déjà deux blessés, un sous-lieutenant d'infanterie, et un zouave pontifical.

Le fantassin, nommé Pratz, était bien le type parfait du vieux sous-officier de notre bonne vieille armée; la guerre l'avait trouvé sergent de magasin, prêt à être retraité, et l'avait envoyé comme sous-lieutenant dans un régiment de marche. Son lit était au fond d'une alcôve sombre, et, timide comme beaucoup de vieux soldats, il resta plusieurs jours sans nous dire un mot. Sa blessure était bien singulière, et tous les chirurgiens français et allemands venaient l'examiner curieusement : une balle avait troué la plaque de son ceinturon, l'avait traversé de part en part, et était ressortie en rasant l'épine dorsale. Non seulement Pratz n'en mourut pas, mais encore il fut le premier guéri de nous tous!

J'aimais Pratz, qui me rappelait mon vieux père Vion, sergent à la 4ᵉ du 3ᵉ bataillon du 16ᵉ de ligne, dans la section que j'eus l'honneur de commander à ma sortie de Saint-Cyr. Quel troupier, mon père Vion! Et avec quel tact respectueux il mettait sa vieille expérience au service de ma jeune théorie, quitte à me dire tout bas, quand nous étions seuls : « Ah mon lieutenant! que nous ferions bien marcher ça à nous deux, qui aimons tant le service, si je pouvais autant que vous, ou si vous saviez autant que moi! » Hélas! Qui rendra jamais à la France ses vieux sous-officiers à 20 ou 25 ans de service, ses nobles vieux briscards, qui croyaient aisément que 2 et 2 font 3 ou 5, mais qui, en entrant au service, avaient donné leur vie à la France, à l'honneur, à leur régiment!

Que de fois le cher et regretté souvenir de mon ancien régiment vint hanter le silence de la nouvelle ambulance, alors que j'étais séparé de Raoul et Gaston et que le colonel était souffrant au point de ne pouvoir presque plus parler! Ce qui raviva surtout ce souvenir fut d'apprendre que les ambulances étaient pleines de blessés du 16ᵉ de ligne. Je n'en connaissais aucun. Mais c'est avec un sentiment de fierté que tous les anciens soldats comprendront que j'entendis parler du drapeau du 16ᵉ, le seul qu'il y eût à l'armée de la Loire, flottant toute la journée de Loigny en tête de notre armée. Le vieux régiment, inébranlable au milieu de la déroute entraînant tout, avait seul campé sur les positions où il avait combattu depuis l'aube jusqu'à la nuit.

Notre autre compagnon de chambre, le zouave pontifical, M. Oudet, de Nantes, avait le poignet brisé par une balle et souffrait cruellement. Il nous faisait la vie un peu dure. La nuit, les sœurs étaient remplacées par une vieille femme qui se tenait dans un cabinet près de notre chambre. Une sonnette était placée sur une table près du colonel.

A peine commencions-nous à nous endormir que s'élevait la voix, déjà bien affaiblie, du pauvre M. Oudet : « Mon colonel, sonnez ! »

La vieille femme entrait. « A boire ! »

Un quart d'heure se passait.

« Mon colonel, sonnez ! » Retour de la vieille.

« Le vase. »

Vingt minutes de repos. « Mon colonel, sonnez ! »

Apparition de la vieille. « A boire ! »

Et ainsi de suite.

Après cinq ou six réveils successifs, à un quart d'heure d'intervalle, on ne tentait même plus de s'endormir. Le pauvre colonel souffrant beaucoup lui-même, et en proie à une fièvre violente, se résignait avec une patience qui faisait notre admiration, à Pratz et moi, et la nuit se passait ainsi, vierge de sommeil, variée par les apparitions de la vieille, lugubre comme une nuit d'insomnie quand on souffre, jusqu'à ce que le jour et la bienheureuse apparition de la chère petite sœur vinssent faire taire l'infernale sonnette.

Pourquoi la vieille ne s'asseyait-elle pas au chevet du pauvre blessé, au lieu de pivoter toute la nuit au son de la clochette? Elle n'eût pas plus mal dormi, et nous beaucoup mieux. J'espérais que le colonel le lui proposerait; mais il eut peur, sans doute, d'attrister le pauvre mourant.

Notre nouveau camarade ne parlait que par monosyllabes. L'entendant un jour demander à la sœur de prendre ses lunettes dans sa poche et de les lui mettre, je lui demandai s'il était très myope.

« Vois pas. — Même avec des lunettes? — Non. — Comment pouviez-vous tirer? — Tirais pas — Comment, vous n'avez même pas fait feu à Loigny? — Non. — Alors pourquoi vous êtes-vous engagé? — Le devoir? répondit-il simplement.

Pour beaucoup de ceux qui chantaient alors : « Mourir pour la patrie », les pieds sur les chenets, c'était sans doute un traître à la patrie, ce soldat du pape qui, renonçant volontairement à toutes les douceurs d'une vie très riche, partit sac au dos vers l'ennemi, non pour combattre, il ne le pouvait pas, mais pour mourir, parce que la mort, c'était le devoir?

Quelques jours après notre déménagement, des amis que M. Oudet avait à Orléans vinrent le chercher. Il partit, et nous pûmes dormir, avec l'égoïsme qui naît si vite du spectacle continuel de la souffrance.

Nous apprîmes que celles de notre pauvre camarade de chambre n'avaient pas été très longues. A Orléans, on lui avait amputé le bras, et il était mort le lendemain.

La sœur nous dit que le pauvre sergent Deschênes, de notre régiment, allait de plus en plus mal; le flegmon diffus s'était déclaré. Bientôt le délire le prit; il ne parlait que batailles, charges à la baïonnette, fusillades insensées.

Un jour, il bondit hors de son lit, criant de toutes ses forces : « Baïonnette au canon! Pas de charge! En avant! Vive la France! » Et il retomba, mort.

Il était mort aussi, le pauvre capitaine qui, naguère, se promenait de long en large dans la petite chambre du presbytère de Loigny, et avait fait écrire à sa femme : « Blessure grave ! » malgré nos protestations !

Sa blessure à l'épaule était en bonne voie de guérison lorsqu'un chirurgien voulant faire du zèle lui retira son bandage et sonda la plaie en tous sens ; le phlegmon se déclara, et deux jours après le pauvre capitaine était mort.

En vérité, et sans aucun esprit de dénigrement, je me demande après une longue expérience de l'ambulance, si les chirurgiens ne font pas infiniment plus de mal que de bien aux blessés ? A quoi se bornent, en effet, les opérations nécessitées par les blessures ? A des amputations, à des extractions de balles et d'esquilles d'os, aux soins à donner aux flegmons diffus ; voilà à peu près tout ce que j'ai vu.

Entre Loigny et Janville, j'ai bien eu connaissance de 150 ou 200 amputations : je connais *deux* amputés qui ont survécu : le général de Sonis et un mobile, Cissey.

Par contre, je connais deux mobiles de ma compagnie sur les lits desquels étaient déjà étalés les instruments d'amputation et qui, déclarés *trop faibles* pour supporter l'opération, ont été abandonnés par le chirurgien pour *mourir en paix :* tous deux se portent à merveille aujourd'hui. Donc, sans avoir la prétention de donner une moyenne générale, je puis affirmer que pour les blessés dont j'ai eu connaissance, sur 150 amputés *au moins*, il y a eu deux sauvés, et sur deux non amputés, les plus faibles, deux sauvés également. N'est-on pas en droit de croire que sur les 148 morts, un grand nombre auraient vécu s'ils avaient eu, comme mes deux moblots, la bonne fortune d'être abandonnés pour mourir en paix?

L'extraction des balles et des esquilles? J'ai vu des blessés, comme Raoul, qui ont survécu à cette opération, mais Raoul lui-même faillit en mourir; Charnod est mort, le vieux capitaine aussi, et combien d'autres? à la suite d'opérations, atroces parfois, presque toujours sans résultat. Par contre, je connais des blessés auxquels on n'a rien extrait du tout, qui se portent fort bien avec une balle logée quelque part dans le corps; d'autres comme Brisoult, dont la balle est sortie presque toute seule au bout d'un temps plus ou moins long. Les esquilles, comme les balles, finissent par sortir dans un abcès. Un de mes moblots, aban-donné et guéri, le sergent Massot, s'est extrait ainsi *dix-sept* fragments de tibia, et il ne boite même plus!

Reste enfin le traitement du flegmon. Hélas! j'en ai vu beaucoup dans les ambulances. Pour les traiter les chirurgiens faisaient dans les chairs d'horribles incisions. J'ai vu des bras et des jambes tailladés comme des pourpoints à crevés du dix-septième siècle, la chair rouge faisant des bourrelets en fuseaux sur la peau blanche; c'était effroyable. Résultat fatal, inévitable, de ces hideuses opérations : la mort, *toujours*.

Alors, pourquoi torturer? M. Beaumetz, qui a la réputation très méritée, je crois, d'excellent chirurgien, m'a répondu, le soir du martyre de Charnod : « Il faut bien faire quelque chose!

Si jamais je devais encore faire la guerre et être blessé, les deux souhaits que je ferais du fond du cœur seraient d'être soigné par une femme de ma famille ou une religieuse, et surtout de ne voir médecin ou chirurgien qu'après complète guérison. J'aimerais infiniment mieux être abandonné en plein air dans un fossé, avec quelqu'un pour me donner à boire, que soigné, choyé, dorlotté avec dévoucment par l'élite de la Faculté!

Il est pour moi incompréhensible que le

colonel de Montlaur vive encore! Presque chaque jour, le docteur Lebel entrait en disant : « Allons, colonel, je suis en veine aujourd'hui, donnez-moi votre pied, que je vous retire quelques esquilles ! » Et le colonel tendait son pied, et le docteur Lebel le martyrisait à loisir.

Au bout de quelques jours passés dans la nouvelle ambulance, me sentant mieux, et m'ennuyant fort, le désir de me lever s'empara de moi comme une idée fixe; il y avait bien trois semaines que j'étais couché.

La chère petite sœur protesta vivement, mais ne put m'empêcher de faire le dessin, plan, coupe et élévation d'une béquille, ce qui m'occupa une journée. Je confiai discrètement ces travaux graphiques à Bastien pour les remettre à un menuisier, et l'attente de ma béquille occupa un autre journée. Quand Bastien me l'apporta, toute brillante et toute neuve, la chère petite sœur n'eut pas la cruauté de m'empêcher de l'essayer, quelque envie qu'elle en eût.

Je me levai donc enfin, et tout faible, tout chancelant, je fis une dizaine de pas pour me rendre à la chambre voisine, occupée par Saint-Venant, Brisoult et Charnod.

J'eus peine à reconnaître ce dernier, tant il
était changé par quelques jours d'atroces souffrances. Il était d'une admirable beauté. Sa
figure diaphane et couleur de cire, ses grands
yeux doux et résignés, sa barbe blonde et surtout l'air de douleur répandue sur tout son
visage me causèrent, en même temps qu'une
poignante tristesse, une émotion religieuse;
c'était l'image du Christ mourant que j'avais
sous les yeux. Comme je tenais dans la mienne
sa main déjà glacée, et maigre comme celle
d'un squelette, il me dit, d'une voix faible: « Je
voudrais écrire à ma famille ». Je n'eus pas le
courage de lui dire qu'aucune lettre ne fran-
chissait les avant-postes allemands et m'as-
seyant près de son lit, j'écrivis à peu près deux
pages sous sa dictée.

Elles ne m'appartenaient pas, ces pages admirables, toutes remplies de tendresse, de résignation, de foi et d'espérance en l'éternité bienheureuse qu'entrevoyait déjà le mourant; mais
j'ai amèrement regretté de ne pas les avoir co-
piées avant de les donner à la supérieure, qui
devait, bien des mois après, les remettre à la
pauvre mère sur la fosse de son fils. Tout
blasés que nous fussions alors sur les scènes

de mort, j'avoue que c'est à peine si je pus écrire, à travers le brouillard qui m'obscurcissait la vue, cet adieu que Charnod, mourant à vingt-trois ans pour son pays, adressait à la vie et à sa famille, dont il ne voulait oublier aucun membre, ni sa petite sœur, ni sa vieille bonne, ni l'abbé qui l'avait sans doute élevé.

Il fut administré dans l'après-midi, et le soir, quand nos sœurs habituelles nous quittèrent, une autre sœur vint les remplacer pour la nuit; car on voyait cette pauvre vie s'éteignant comme une lampe sans huile.

Vers une heure du matin, la sœur entendant une sorte de faible râle se pencha vers lui : « Du courage, mon enfant, lui dit-elle, offrez vos souffrances à Dieu ! »

Charnod releva un peu la tête.

« Je vous salue, Marie... » dit-il lentement, et sa tête retomba sur l'oreiller.

Sans doute il achevait dans les splendeurs du ciel, aux pieds de celle qu'il invoquait dans ses grandes douleurs, la prière commencée dans la nuit de la terre.

Charles Charnod, que nous vîmes ainsi mourir saintement et héroïquement à Janville, sergent-major au 3° bataillon de notre régiment, avait été, avant la guerre, clerc de notaire en Anjou, à Baugé, je crois, et nous eûmes, bien plus tard, des détails touchants sur ce qu'avait été cette belle et courte vie. « Fleur de Paradis cueillie au champ de bataille, » comme dit un poème du moyen âge.

Dès que le pauvre Charnod fut mort, la sœur vint réveiller Coutable et Rossignol pour traîner dans notre chambre les lits de Raoul de Saint-Venant et de Gaston de Brisoult, qu'il eût été cruel de laisser dans leur petite chambre avec le corps de notre camarade. Les sœurs ont de ces attentions auxquelles des hommes ne songeraient pas.

Le jour suivant, il se produisit de grands changements dans l'ambulance. La veille, Mme de Montlaur était venue pour chercher son mari, avec l'autorisation de l'autorité prussienne, et nous eûmes le regret de voir partir notre cher colonel, dont je partageais l'existence de tous les instants, depuis le moment même où on l'avait descendu de son cheval, à Loigny.

M. de Ferron, capitaine adjudant-major aux zouaves pontificaux, et son frère Bertrand, simple zouave, tous deux, coïncidence bizarre, blessés aux deux jambes, occupaient ensemble une chambre au premier de notre ambulance.

M. de Charrette, alors soigné à Bazoche-les-Hautes, réclama son adjudant-major; le capitaine de Ferron quitta donc l'ambulance en même temps que le colonel de Montlaur et que le cercueil du pauvre Charnod, et Pratz, le vieux sous-lieutenant d'infanterie, prit la place du capitaine auprès de M. Bertrand de Ferron.

Nous nous trouvâmes donc seuls, Raoul, Gaston et moi, dans la grande chambre du rez-de-chaussée où nous fîmes installer aussi nos moblots Rossignol et Coutable.

Quelques jours après, Raoul reçut la visite de son père et de M\ :sup:`me` de Bodard, sa sœur. C'était une véritable odyssée que le récit de leur voyage de quinze lieues à travers toute l'armée allemande, arrêtés à chaque instant par les postes ennemis, et souvent obligés de marcher à pied dans la neige. Et quelles tristes choses ils nous racontèrent de notre pauvre pays envahi et ensanglanté par des combats toujours suivis de défaites! Nous eûmes, du moins, la joie d'apprendre que Julien de Saint-Venant était arrivé chez lui sain et sauf, après mille aventures, et que ses deux blessures étaient en bonne voie de guérison.

Mme de Bodard et son père repartirent dès le lendemain; ils ne pouvaient s'absenter longtemps de leur demeure envahie et transformée en ambulance.

Puis, ce fut Mme de Brisoult qui, à son tour, traversa bravement les ennemis et la neige pour venir de Bretagne voir son fils. Elle resta quelques jours à Janville, nous comblant de prévenances, nous donnant du linge, des boîtes de sucre d'orge, un pâté dont nous fîmes bombance.

Parfois d'autres visites, bien tristes, nous arrivaient de loin. C'étaient, en général, de pauvres mères à la recherche d'un fils disparu, et dont trop souvent la voie douloureuse à travers tant de souffrances venait aboutir à la fosse commune du champ de bataille, ou à la terre fraîchement remuée d'un cimetière.

Telles furent Mme de Bellevue, la mère d'un ancien camarade de Raoul aux zouaves pontificaux, et Mme Deschênes, la mère de notre pauvre sergent, venue pour embrasser son fils, qu'elle savait légèrement blessé. Elle emporta son cercueil.

Bien souvent, j'espérais que ma femme ou ma mère paraîtraient un jour aussi à la porte de notre ambulance, mais l'inquiétude se joignait à l'espérance au récit des affreux voyages qu'il fallait faire pour arriver jusqu'à nous! Savaient-elles, d'ailleurs, où j'étais? Chaque fois qu'une visite venue de loin s'en retournait ou qu'un prisonnier s'évadait, j'envoyais deux lettres, l'une à ma femme, à Rouen, l'autre à ma mère, à Castres.

Castres n'était pas au pouvoir de l'ennemi, la lettre que Mme de Brisoult écrivit de Bretagne y parvint vers le milieu de janvier. Mais ma femme n'eut de nouvelles de moi, à Rouen, qu'en février, deux longs mois après ma blessure et voici comment.

Un jour un officier prussien portant au cou une grande croix de Malte vint, le plus poliment du monde, nous demander si nous avions besoin de quelque chose.

Les sœurs lui demandèrent du sucre pour les tisanes, et il sortit. laissant neuf paquets de gros cigares, un par officier en comptant tous ceux qui étaient à Janville.

Le lendemain, notre chevalier de Saint-Jean revint, à cheval, portant lui-même deux gros pains de sucre et neuf paquets de tabac qu'il déposa sur la table en disant : « J'ai pensé que vous fumiez peut-être plus volontiers la pipe que le cigare ».

C'était une aimable attention à laquelle nous fûmes sensibles, bien que nous eussions en abondance et à très bon marché du tabac belge, assez mauvais d'ailleurs.

Il s'assit et causa quelque temps avec nous, nous expliquant que des grands seigneurs allemands, chevaliers de Saint-Jean, suivent leurs armées en campagne et sont spécialement chargés de la surveillance des ambulances.

Il avait tant de distinction, cet ennemi, et des façons si aimables, que je n'hésitai pas à lui dire combien je trouvais étrange de ne pouvoir communiquer avec Rouen, que je savais aussi en leur pouvoir.

« Je vous prie, me dit-il, de me confier une lettre ouverte; je ne puis la recevoir autrement : je vous promets qu'elle ne sera pas lue et qu'elle arrivera à son adresse. »

Quatre jours après, un cuirassier prussien remettait enfin cette lettre à ma femme, qui, dans sa joie, lui donna une des dernières pièces de 5 francs qu'elle possédàt.

Dès le lendemain, ma femme allait à la place demander un laisser-passer pour venir à Janville. Le commandant de place, un de ces parfaits gentilshommes comme il n'y en avait que trop, pour notre malheur, dans l'armée ennemie, lui dit : « Madame, voilà votre laisser-passer ; maintenant, permettez-moi de vous prier de ne pas partir, au nom de votre mari et de notre confraternité militaire ; vous êtes trop jeune pour faire toute seule un tel voyage à travers les armées, et votre mari me saura gré de vous en avoir détournée. »

Ma femme ne partit pas, et je regrette vivement de n'avoir pas su le nom de cet officier pour lui exprimer, après la guerre, ma plus entière reconnaissance.

Mais je m'égare loin de Janville.

A part le chevalier de Saint-Jean, nous ne vîmes que deux fois des Allemands à l'ambulance. C'étaient des chirurgiens dont la venue nous causait une vraie peur ; car nous craignions toujours d'être emmenés en Prusse.

La chère petite sœur avait grand soin de poster des espions pour être prévenue d'avance de leur arrivée, et avoir le temps de nous donner l'air aussi malades que faire se pouvait.

Ils se contentèrent, la dernière fois, de prendre tous nos noms, et de déclarer que Janville serait imposée de 4.000 francs par blessé qui s'évaderait. Je fus désolé, car je projetais de rejoindre l'armée sitôt que je serais en état de marcher. Il me fallait changer tous mes plans et trouver un moyen de tourner la difficulté, car c'eût été une cruelle ingratitude pour la petite ville qui nous avait si bien reçus, que de lui coûter si cher.

Noël arriva, Noël, la fête bénie du foyer de famille, des joyeuses réunions, des doux souvenirs d'enfance. Qu'était devenu le foyer où s'étaient brutalement installés les vainqueurs? Et la famille, où était-elle? Dispersée par la tempête que Dieu déchaînait sur notre pays, elle se composait à peine de deux ou trois de ses membres, réunis, le plus souvent, bien loin de chez eux; les autres erraient à travers le vaste champ de mort parcouru par les armées; nul ne savait le sort des siens.

La grande nuit de Noël fut une des plus tristes dont j'ai souvenance à l'ambulance.

Dans les ténèbres et le silence, chacune des vingt-trois nuits de Noël dont je me rappelais alors, passait devant mon cœur, et chacune d'elles en emportait un morceau. Elles passaient, dans la joyeuse harmonie des vieux airs doux et naïfs, escortées par tous les chagrins de l'année qu'elles achevaient; les plus jeunes, toutes scintillantes des feux de l'arbre enrubanné autour duquel nous nous pressions tous sous les regards de notre père et de notre mère, tous deux jeunes, alors, et gais comme nous, toutes illuminées par les splendeurs de la crèche organisée par notre vieille bonne; joyeux Noëls de France que nous transportions gaiement du Nord au Midi et de l'Est à l'Ouest, là où la carrière consulaire de mon père transportait notre foyer par le monde.

Puis, elles devenaient plus graves, nos nuits de Noël. C'était bien la gaieté, encore, mais tempérée par la résignation; notre sœur aînée était partie à quinze ans pour le ciel. Quelques années encore, et notre frère, le vaillant soldat de Gaëte, manquait aussi. La nuit de Noël qui suivit sa mort, je revêtis ma tenue de sous-lieutenant et mon épaulette d'or, toute fraîche éclose de Saint-Cyr, pour servir, avec un autre de mes frères, la messe de minuit dans la chapelle des religieuses de Larnaca, en Chypre. En sortant, mon père me serra dans ses bras, sans rien dire, mais je compris qu'il pensait à son autre soldat. Quelques mois après, mon père, martyr de son dévouement aux cholériques, dormait dans le cimetière de cette même chapelle.

Puis, les Noëls suivants, les derniers, changeaient d'aspect. A travers le bruit du vent qui sifflait dans les bois, arrivait le son, plaintif et joyeux à la fois, d'une petite cloche; nous allions, ma femme et moi, dans la neige, vers la petite église du village où, peu de temps auparavant, nous avions été mariés; les cierges, les bougies, les chandelle sétincelaient, sous l'œil vigilant du sacristain qui mouchait avec ses doigts celles qui pleuraient; et les chantres hurlaient avec rage, et les sabots claquaient sur les dalles, et les bonnes femmes secouaient la neige amoncelée sur leurs grands manteaux noirs; puis, nous rentrions, heureux et grelottants, nous chauffer à la grande bûche qui brûlait lentement, et nous faisions gaiement réveillon, tandis qu'on allait dans les écuries, les étables et les bergeries, faire réveillonner aussi tous les animaux. Noël! Joie et liesse à tout être vivant!

Et maintenant?...

Aux dernières nouvelles, déjà bien vieilles, que j'avais reçues, quelques jours après la bataille de Coulmiers, ma mère et mes sœurs étaient à Castres, ma femme et mes enfants à Rouen. Mes frères étaient tous trois à l'armée. Depuis lors, que s'était-il passé?... J'avais seulement appris que chaque jour avait amené une sanglante défaite, que les cadavres de nos soldats jonchaient tous les champs de France, que les épidémies propagées par les armées faisaient autant de victimes que les batailles, et que les cercueils de femmes et d'enfants encombraient les cimetières. Quels vides nouveaux venaient de se produire parmi ceux que j'aimais? Et quand les connaîtrais-je?

Ce fut une de ces heures d'angoisse où tout semble manquer à la fois. Mais Dieu était près de nous, ainsi qu'aux plus joyeux Noëls de jadis.

Au jour, un petit autel fut dressé dans l'alcôve vide de notre chambre, et le bon curé de Poinville vint nous dire la messe, que je servis, avec l'aide de ma béquille.

Tous les blessés qui pouvaient se traîner ou qu'on avait pu transporter se réunirent dans notre chambre, et jamais je ne vis rien de comparable à cette assistance de fidèles étendus sur des matelas, appuyés sur des béquilles ou por-

tant le bras en écharpe. A l'exception d'un seul,
qui était protestant, tous les blessés communiè-
rent.

Quand je vis le bon curé, enjambant les
malades, porter le Viatique de lit en lit et
de salle en salle, il me sembla que Dieu aurait
un jour pitié de notre pays, que les souffrances
sanctifiées ainsi et le sang versé à Loigny
compteraient pour l'expiation.

L'excellent curé de Poinville, desservant d'une
petite paroisse des environs, aussi bon et dévoué
qu'original, était un de nos visiteurs les plus
assidus; il passa le reste de la journée de Noël
à nous faire des gaufres.

Après Noël, le jour de l'an. Notre chère petite
sœur vint la première nous souhaiter une
bonne année, puis Bastien, puis le docteur
Lebel, puis le maire M. Clichy, puis M. Leroy, ad-
ministrateur de l'hospice, et toutes nos nombreuses connaissances de Janville.

Que de souhaits à former pour l'année qui
commençait ainsi!

Notre existence, cependant, se régularisait.
Nous nous étions promis de repousser, comme
mauvaise, toute préoccupation triste, et nous
nous installions à l'ambulance comme si elle

devait être notre résidence définitive, pour y mener la vie de bons bourgeois sédentaires et rangés.

D'abord, plus de lecture de romans ; nous en avions abusé pendant quelques jours au point d'en être écœurés. J'en avais lu *quarante* en une semaine!...

Quelle indigestion de mauvaise littérature, depuis six heures du matin jusqu'à neuf heures du soir!

Notre petite sœur nous imposait chaque jour une tâche de charpie à faire, et ce travail n'absorbait pas toute notre intelligence au point de nous empêcher de lui monter des scies. Une des plus cruelles fut l'œuvre de Gaston.

« Monsieur de Brisoult! Vous m'ennuyez, à la fin : faites-le donc taire, monsieur de Maricourt! »

Brisoult eut le courage de la bouder deux jours, sans lui dire un mot; le troisième, pendant qu'elle le pansait, il éclata en sanglots si vrais, si douloureux, qu'un instant je me demandai s'ils étaient réels.

« Qu'y a-t-il donc? Qu'avez-vous? Calmez-vous, mon pauvre Monsieur! s'écria la pauvre petite sœur tout émue.

« Ma sœur ! Vous vous êtes plaint de moi au capitaine de Maricourt ! Vous ne savez pas comme il est sévère, le capitaine ! Il a fait son rapport !... Mon avenir militaire est brisé !... Ah ! ma pauvre famille !... Je n'ai plus rien à faire dans la vie !... Et à cause de vous, ma sœur !... »

Je ne m'attendais pas à celle-là ! Et quand je vis venir à mon lit la pauvre chère petite sœur suppliante et la figure bouleversée, je n'eus pas le courage de lui dire qu'elle était victime d'une méchante plaisanterie. Je préférai me laisser fléchir après une résistance convenable; je lui promis de détruire mon rapport, de tout oublier et de ne rien faire pour entraver l'avenir de Gaston de Brisoult... dans la mobile, et j'eus la satisfaction de voir reparaître la joyeuse sérénité de chaque jour sur la jolie figure de notre petite sœur.

Pauvre petite sœur ! Quelle atmosphère nous lui faisions respirer dans cette chambre où nous fumions presque constamment tous les trois ! Et que de bêtises elle nous entendit débiter pendant ces deux mois ! Gaston de Brisoult, notre petit dernier, avait vingt et un ans, et moi, le doyen, vingt-huit, et nous étions tous trois bien jeunes pour nos âges, il faut l'avouer.

13.

Des bandes de moineaux et de rouges-gorges s'assemblaient par les temps de neige devant la fenêtre sur laquelle mon lit avait vue.

Coutable tendit des lacets de crin avec lesquels il attrapa un jour un rouge-gorge. Ce fut tout un événement; le rouge-gorge s'échappa dans la chambre: nos moblots, la petite sœur, nous-mêmes, tout éclopés, nous nous mîmes à sa poursuite sur les meubles et sous les lits; quelqu'un entra, attiré par le bruit, et le rouge-gorge en profita pour s'évader.

Avec nos couteaux, nous faisions des œuvres d'art, porte-pipes, coupe-papiers, enfin un jeu d'échecs complet où chaque pièce était un personnage. Ce dernier travail eut un tel succès que le docteur Lebel nous procura du bois, un scalpel, une scie à amputation, pour lui en faire un second, qui ne fut, hélas, jamais terminé.

Ces ouvrages en bois étaient surtout ma spécialité; Gaston s'occupait plus activement de la fabrication de cannes en nerf de bœuf avec une baguette de fusil; il fit aussi, au crochet, un coussin en laine très réussi. Quant à Raoul, il ne faisait pas grand'chose; il était, cependant, le premier réveillé, et impitoyable pour nous quand nous voulions paresser. En revanche, dès que le soir venait, le sommeil le prenant, il devenait grognon et nous empêchait de causer. Ces petites discussions du matin, quand Raoul nous réveillait, du soir quand nous l'empêchions de dormir, sont les seules que nous eûmes jamais pendant ces trois mois passés côte à côte.

Tous trois nous nous levions, maintenant, une heure ou deux tous les jours. Mes amis, qui ne pouvaient encore bouger, restaient dans leurs fauteuils; mais avec ma béquille j'allais voir nos camarades du premier.

L'une des deux chambres était occupée par M. de Ferron qui ne pouvait encore se lever, et par M. Pratz qui, à peu près rétabli, allait et venait par toute la maison.

Dans l'autre chambre étaient trois blessés, les plus malades de l'ambulance à cette époque. D'abord un mobile de Maine-et-Loire, blessé d'un éclat d'obus dans le ventre, et qui commençait à se lever; j'ai oublié son nom. Puis M. Frotot, le caporal de zouaves pontificaux avec lequel j'avais fait le trajet, de Loigny à Janville, et dont la jambe, brisée par une balle, ne guérissait pas. Enfin un brave soldat de ligne, nommé Mathurin, qui avait le poignet fracassé.

Le pauvre petit Frotot était zouave de Rome ; on distinguait alors les anciens de ceux qui s'étaient, en très grand nombre, engagés au corps depuis sa rentrée en France. Malgré ses dix-huit ans, il avait l'air d'un tout petit enfant et me paraissait, du reste, aussi jeune de caractère que de figure. Son lit toujours couvert d'images et de petits joujoux avait la touchante apparence d'un berceau de bébé souffrant ; il semblait monstrueux de le voir fumer ; sa voix même et sa manière de s'exprimer étaient enfantines. Je ne sais ce qu'il est devenu ; s'il est mort, comme son affreuse blessure me le fait supposer, Dieu a dû mettre ce pauvre petit soldat dans ses légions d'anges, en tête des petits enfants morts après le baptême.

Chose bizarre ! Notre chère petite sœur ne l'aimait pas beaucoup. Ce n'était pas elle, mais bien une autre sœur qui le soignait ; il y avait rivalité : la femme se retrouve même sous la cornette bénie des sœurs de charité. Que nous étions loin, cependant, nous, *ses* blessés à elle, de valoir le petit Frotot !

Mathurin, le fantassin, était un Breton bretonnant, parlant à peine le français, et doué d'une de ces figures carrées et placides qu'on se représente mieux guettant les bleus dans les ajoncs que manœuvrant en pantalon rouge dans les rangs. Je gagnai sa confiance et son amitié en lui parlant de Questembert, son pays, et de son moulin, que je ne connaissais pas plus l'un que l'autre, et chaque fois qu'il me voyait, un douloureux sourire éclairait sa bonne figure pâle et souffrante. Sa blessure au poignet, toute labourée d'énormes incisions faites au bistouri, était épouvantable à voir; il souffrait atrocement et prévoyait qu'on devrait l'amputer.

Le mobile de Maine-et-Loire était un grand blond, très timide, ne disant pas grand'chose. Sa blessure au ventre semblait guérie; cependant j'ai appris que quelques jours après notre départ de l'ambulance, une péritonite s'était déclarée, qui l'avait tué.

Enfin, la chambre où était mort le pauvre Charnod était maintenant occupée par trois fantassins dont je ne fis jamais la connaissance, sauf de l'un d'eux qui était protestant.

Pratz, depuis sa guérison, passait une bonne partie de ses journées à se promener de long en large dans notre chambre, et, tout en fumant sa pipe et en crachant, il nous racontait d'étonnantes histoires de sa vie de troupier aux-

quelles sa verve et son accent gascon prêtaient une
étrange saveur.

« Monsieur de Saint-Venant! » s'écria-t-il un
jour après un long silence plein de réflexions,
« vous devriez vous marier!

— Mais j'espère bien le faire après la guerre.

— Hé bien, si vous ne connaissez pas de *de-
moiselle*, j'ai votre affaire! C'est la fille au plus
riche propriétaire de chez moi, et elle est très
jolie; je suis très bien avec sa femme de chambre, et je pourrai vous aider! »

Nous rîmes longtemps de cette présentation
du futur par le *bon ami* de la femme de chambre; mais cela nous fit parler du mariage de
Raoul. La drôle d'idée de l'excellent Pratz eut
peut-être une influence énorme sur la destinée
de notre ami; car elle nous amena à chercher
parmi toutes les jeunes filles que nous avions
connues, et c'est ce jour-là qu'il entendit parler
pour la première fois de celle que Dieu lui desti-
nait.

Souvent aussi nous faisions causer nos
deux moblots, chez lesquels nous étions heureux
de retrouver le brave cœur et l'esprit naturel
qui reviennent au peuple quand il est éloigné
du cabaret et de l'abrutissement politique.

Rossignol, fils d'un petit marchand de bois du Perche, était depuis longtemps garçon de magasin chez une fruitière à Paris; il avait pris le beau langage et les allures de la capitale qui ont tant de succès au village; du reste, excellent garçon, intelligent, dévoué et vraiment attaché, ainsi qu'il nous l'a souvent prouvé.

Coutable, au contraire, maréchal ferrant de son état, était le gros paysan à tous crins, robuste et solidement bâti, pour lequel tout est nouveau mais que rien n'étonne, peu communicatif, mais serviable et bon.

Nos barbes et nos cheveux atteignaient des dimensions improbables : nous fîmes donc venir un jour le coiffeur de Janville, qui nous rendit des figures humaines. Pour entretenir son ouvrage, nous élevâmes à la dignité de coiffeur Coutable, qui nous affirmait l'avoir été souvent chez lui, et dès le lendemain je lui confiai ma tête. Pendant qu'il opérait, très étonné des fous rires de mes camarades, je me retournai brusquement et surpris le brave Coutable crachant vigoureusement dans ses deux mains pour délayer le cosmétique! Son emploi de confiance lui fut retiré séance tenante.

Peu de temps après, on nous dit que le

typhus était à Janville; un cuirassier prussien venait d'en mourir à l'hospice, chez les sœurs. Cette nouvelle ne pouvait nous émouvoir beaucoup, familiarisés comme nous l'étions avec la mort. Je priai la chère petite sœur de mettre de côté pour me les garder jusqu'après la guerre, le casque et la cuirasse du Prussien, et il ne fut plus question de typhus. Mais à propos de cette mort, la sœur nous raconta une histoire lugubre au dénouement de laquelle elle avait assisté.

Cinq frères, tous officiers dans le même régiment, étaient partis ensemble de Prusse. C'étaient de ces magnifiques soldats comme en produisent les races du Nord, amour et orgueil d'une vieille mère; l'attachement de ces frères entre eux était proverbial dans leur corps d'armée. L'un d'eux fut tué à Gravelotte, un autre à Borny, un troisième à Rezonville. Ils n'étaient donc plus que deux quand l'armée allemande quitta ce pays de Metz arrosé de tant de sang. L'un de ces deux fut tué à Loigny. Le dernier survivant fit ramasser le corps de son frère, et, comme il était catholique, il le fit mettre en dépôt dans la chapelle de l'hospice de Janville, en attendant qu'un répit dans les

batailles incessantes de ces journées-là lui per-
mît de l'envoyer en Allemagne.

Mais avant de faire porter à sa vieille mère le
quatrième cercueil qu'elle devait recevoir, il fit
ouvrir la bière dans la chapelle, en présence des
sœurs. Debout, immobile et les bras croisés, il
regarda sans une larme le beau jeune homme
endormi pour toujours. « Il n'a pas de cœur! »
se disaient les sœurs; mais elles le virent tomber tout à coup sur les dalles, à côté du cadavre
de son frère, et pendant près d'une heure, on
put le croire mort aussi.

Le lendemain, le pauvre Coutable se plai-
gnit d'un violent mal de tête, et nous le fîmes
coucher. Il eut la fièvre toute la nuit, et le lendemain son mal de tête avait encore augmenté.
Le médecin parut inquiet. « Vous êtes trop
nombreux ici, dit-il, il faut venir à l'hospice où
vous aurez une chambre pour vous seul. »

Coutable ne voulait pas nous quitter; il semblait s'accrocher à nous. Nous eûmes toutes les
peines du monde à lui faire comprendre qu'il
serait bien mieux, seul, que dans notre chambre bruyante et enfermée; il ne se résigna à
partir que sur notre promesse formelle de le réclamer dès qu'il serait mieux.

Dès que la sœur parut, le lendemain, nous nous écriâmes tous ensemble : « Comment va Coutable ?

— Bien mal, » nous dit-elle. En même temps la porte s'ouvrit et nous vîmes avec stupéfaction entrer Coutable lui-même, mais à peine reconnaissable, tremblant de tous ses membres, la figure tuméfiée, les yeux enfoncés et brillants de fièvre. Pauvre garçon ! Il faisait, ce jour-là, un froid terrible, et il me semble le voir encore serrant des deux mains sa capote bleue contre sa poitrine.

« Allons, Coutable, êtes-vous fou ? lui dit la sœur, sortir par un temps pareil ! Vous voulez donc vous tuer ? Allez-vous-en tout de suite !

— Je ne veux pas quitter mes officiers ! murmurait le pauvre mobile. Je ne veux pas mourir tout seul !

— Il ne s'agit pas de mourir, mais de bien vous soigner pour revenir plus vite ; allez-vous-en, je le veux ! »

C'était Raoul, son propre lieutenant, qui lui parlait ; il obéit, après s'être reposé quelques instants. A sa capote, on ajouta une grande couverture de laine, et il sortit avec la sœur. Au moment où la porte allait se refermer, il se tourna encore vers nous et, avec une expression que nous n'oublierons jamais, il nous dit :

« Vous n'allez pas me laisser mourir?

—Mais, pauvre ami, c'est pour que vous soyez mieux soigné que nous vous éloignons! Une sœur sera toujours près de vous, j'irai vous voir demain et tous les jours, et bientôt vous nous reviendrez, parfaitement guéri! »

Nous l'espérions bien tous, Dieu en avait décidé autrement.

« Pauvre Coutable! Il est bien malade! » nous dit la sœur le lendemain matin.

« Qu'est-ce qu'il a donc? »

Elle hésita un instant avant de répondre « le typhus! »

Dans l'après-midi, je me levai et sortis de l'ambulance avec l'aide du docteur Lebel et de ma béquille.

L'air était glacial; la neige, fondue par places, était reprise par la gelée. Toute cette petite ville, que j'habitais depuis plus d'un mois sans l'avoir encore aperçue, me parut d'une indicible tristesse. Toutes les boutiques étaient vides ou fermées, toutes les portes marquées de la croix rouge d'ambulance, presque personne dans les rues, mais, de loin en loin, quelques soldats allemands qui s'arrêtaient à ma vue et saluaient réglementairement les lambeaux de mon uniforme.

Je n'étais pas encore au bout de la rue que je suivais lentement, et déjà il me semblait être égaré au bout du monde, avec un sentiment d'isolement et d'amer regret pour notre bonne salle commune et mes excellents amis.

Sans la pensée du pauvre Coutable, j'aurais vingt fois fait demi-tour pour regagner notre chère ambulance !

J'entrai avec le docteur dans une petite chambre très propre et bien chauffée; une sœur lisait son office auprès d'un lit.

Était-ce bien vraiment notre pauvre Coutable qui y était étendu, lui, quatre jours auparavant, si fort, si vivant; Coutable aux gros rires bruyants? En vain je cherchai ses traits sur l'énorme tête, noire comme celle d'un nègre, qui reposait inerte sur l'oreiller, et fixait sur moi le regard brillant de fièvre de deux gros yeux blancs qui semblaient prêts à sortir de leurs orbites.

Une respiration courte et bruyante agitait tout le lit, et deux mains, noires et tuméfiées aussi, ramenaient constamment le drap vers le visage.

C'est la mort, pensai-je, en voyant ce geste, encore la mort: Sous les balles prussiennes, sous le scalpel des chirurgiens, sous les étreintes de la fièvre, toujours la mort!... Combien d'entre nous reverront leur famille?

Je pris entre les miennes une des mains moites de sueur froide, et me penchant vers le pauvre agonisant, je lui demandai s'il me reconnaissait. Ses lèvres bleuâtres s'agitèrent faiblement, et j'entendis comme un murmure :

« Mon capitaine! — Vous voyez que je tiens ma promesse; je reviendrai tous les jours vous voir, et je vous emmènerai dès que vous serez guéri !

— Merci! » Et je sentis une faible pression de la pauvre main calleuse qui ne devait plus jamais manier ni le marteau ni le fusil.

Cette agonie était foudroyante; le matin, Coutable avait pu se confesser et recevoir la sainte Communion.

Le docteur me pressait de m'éloigner; je sortis en jetant un dernier regard sur ces yeux blancs qui me suivaient, déjà voilés par les ombres de la mort et qui, dans quelques instants, fermés pour toujours à la lumière du soleil, allaient s'ouvrir aux splendeurs de l'éternité et

contempler Dieu face à face. Et je me disais :
Qu'est la science de tous les savants, de tous
les docteurs, de tous les Pères de l'Église, de
tous les philosophes de la terre et des siècles
réunis, comparée à celle que va acquérir ce
pauvre paysan ignorant et bon, cet humble
soldat qui meurt pour son pays, en chrétien?

J'aurais voulu assister à son dernier moment et lui fermer les yeux, moi son dernier
ami, comme représentant de sa famille absente;
mais le docteur ne voulut jamais y consentir.
Une heure ou deux après, le pauvre Coutable
avait cessé de souffrir.

Toute la population de Janville était cons-
ternée par l'apparition du typhus dans cette
petite ville pleine de blessés; on se hâta donc
d'enterrer notre pauvre mobile dès le lendemain matin. Comme ma course de la veille ne
m'avait pas trop fatigué, la sœur me permit
d'aller à la chapelle et au cimetière.

Dans la nuit, le dégel était venu.

Le pauvre convoi passait sur la neige à
demi fondue, sous un ciel gris de plomb, entre
les ormes dénudés, d'où le brouillard condensé
tombait goutte à goutte, comme des larmes.

En tête marchait le vieux curé, la soutane

retroussée, le cache-nez roulé autour du surplis, puis l'enfant de chœur portant la croix et soufflant dans ses doigts, puis le cercueil couvert de la capote maculée et du képi, jadis blanc, de notre mobile, puis une vingtaine de pauvres hères, pâles et maigres, grelottants dans leurs guenilles d'uniformes de toutes couleurs, le képi déformé tombant sur les oreilles sans les garantir de la bise; les uns traînant leurs béquilles, les autres soutenant d'une main leur autre bras en écharpe, les plus faibles s'appuyant sur les plus valides; tous se hâtant pour conformer leur allure débile et chancelante au pas précipité des porteurs pressés d'aller se réchauffer au cabaret; et, parmi cette foule dolente, le bon Bastien distribuant des poignées de mains, encourageant l'un, soutenant l'autre souriant à tous.

Ce groupe, digne de Callot, était un noble cortège! De grands cœurs battaient sous ces haillons : tous ces porte-loques avaient versé leur sang pour la patrie, et c'était au prix de mille souffrances qu'ils venaient rendre hommage à un frère d'armes inconnu, mort vaincu, prisonnier, loin des siens, comme ils devaient, peut-être mourir le lendemain.

Au cimetière, entre les monuments de pierre tout moites de pluie, et les vieilles tombes recouvertes d'une herbe brûlée par la gelée, s'étendait une longue rangée de tertres fraîchement élevés. Là dormaient nos compagnons, le capitaine, Fouquet, Deschênes, Charnod, et tant d'autres, tous jeunes, forts et vaillants, tous aimés et attendus encore au foyer.

On descendit le cercueil de notre pauvre mobile dans un trou béant, toujours prêt au bout de cette rangée, et vite, les pelletées de terre fangeuse tombèrent avec un bruit sourd et mat sur les planches de bois blanc. Ici-bas, tout était fini ; mais sous le ciel sombre retentissait la promesse éternelle du Sauveur : « Je suis la résurrection et la vie, et celui qui croit en moi, fût-il mort, vivra à jamais. »

L'empressement avec lequel les habitants de Janville se rendaient en foule, et sans jamais se lasser, à ces douloureuses cérémonies qui se renouvelaient presque tous les jours, était vraiment touchant ; je suis heureux de pouvoir rendre, en passant, cet hommage au vrai patriotisme de la petite ville qui accueillit si bien les blessés de Loigny.

Vers le 15 janvier, on nous dit qu'une colonne de prisonniers français traversait Janville et était logée à l'église. Nous allions donc avoir enfin des nouvelles de l'armée!

Elles étaient bien tristes!

Rossignol, envoyé en toute hâte à l'église, trouva trois mobiles de ma compagnie parmi les prisonniers. De défaite en défaite, notre armée avait reculé jusqu'au Mans.

Les mobiles avaient été pris au combat de Parigné-l'Évêque, où ils avaient vu tomber, tué raide par une balle au cœur, notre ami Odon de Meckenheim, un des seuls officiers du bataillon sorti intact de Loigny.

Il nous fut impossible de faire évader mes pauvres moblots, et l'un des trois mourut en Prusse.

Raoul en avait un des siens soigné à l'hospice, chez les sœurs. Il était gravement blessé au poignet, et il fut décidé, par M. Beaumetz, qu'on l'amputerait.

J'allai le voir avant l'opération, et le trouvai tout en larmes. « Ah! mon capitaine! s'écriait le pauvre Cissey en sanglotant, ce n'est pas le mal qui me fait peur! Mais si j'en réchappe, comment travailler sans mon bras droit! » Ce touchant regret de la charrue m'émut davan-

tage que bien des scènes horribles. M. Beaumetz,
fort bon homme quand il n'avait pas le scalpel
en main, était assis sur son lit, et, le bras autour
de son cou, lui caressait la tête comme à un
petit enfant et l'encourageait, avec une véritable émotion dans la voix, en lui racontant qu'il
avait vu un zouave pontifical réciter son chapelet pendant qu'il l'amputait. Était-ce bien là
le tortionnaire du pauvre Charnod?

Par un bonheur bien rare, l'opération réussit.
Cissey survécut. Médaillé, bien pensionné et
nommé facteur, il ne doit plus regretter si
amèrement, aujourd'hui, son bras droit et son
travail.

C'est par M. Beaumetz que nous avions quelques nouvelles de nos compagnons de Loigny.
Il nous apprit que M. de Charrette s'était évadé
de Bazoches-les-Hautes après une première ten-
tative manquée, et que les Allemands, furieux,
avaient brutalement chargé sur une carriole,
pour l'emmener en Prusse, son frère Ferdi-
nand, dont la blessure grave n'était même pas
encore en voie de guérison.

Il y avait à l'ambulance un protestant, nommé
Siméon Desbos. C'était un jeune soldat d'infanterie dont la blessure était bizarre : une balle

lui avait coupé la langue et arraché sept ou huit dents, sans entamer ni les joues ni les lèvres. La sœur qui le soignait faisait ses efforts pour le convertir, et, le bon curé aidant, elle y réussit si bien qu'un beau jour elle vint me proposer d'être le parrain du néophyte qu'on allait baptiser.

Je ne m'en souciais guère, n'ayant qu'une confiance très limitée dans la sincérité du catéchumène, mais le curé leva mes scrupules, Mme Leroy accepta d'être marraine, et jour fut pris pour la cérémonie.

Cérémonie bien modeste, d'ailleurs, sans joyeux carillons ni ruineuse distribution de dragées. Bastien parvint cependant à en découvrir, en fouillant toute la ville, à peu près de quoi emplir le creux de ma main pour l'offrir à ma commère. Quant à notre cher filleul, un jaunet fit bien mieux son affaire.

La messe fut dite, comme au jour de Noël, dans notre chambre, devant une assistance nombreuse. La chère petite sœur nous avait fait répéter un magnifique *O Salutaris* que nous devions chanter en parties avec elle, mais au moment d'entonner, le courage lui fit défaut, et, privés de notre guide, nous restâmes silencieux comme des carpes. Quelques instants après, je n'en étais pas moins enrichi d'un nouveau filleul nommé Marie-Siméon.

Une bien joyeuse surprise nous était réservée pour ce jour-là même. Dans l'après-midi, nous vîmes paraître soudain notre excellent ami Julien de Saint-Venant!

Ce fut une heureuse journée, et à nous voir si gais tous les quatre, nul n'aurait deviné l'atmosphère de mort dans laquelle nous vivions, ni les récits lugubres que nous avions à nous faire, les uns aux autres.

Quand il m'arrive aujourd'hui de penser à cette époque, je ne puis plus m'expliquer la gaieté avec laquelle, sauf en certaines heures, nous avons traversé toutes les scènes lamentables qu'elle me rappelle.

Comment rire ainsi entre deux enterrements, que le nôtre devait peut-être suivre de près? Comment raconter de si joyeuses histoires au milieu de si cruelles souffrances? Comment nous amuser à des riens, comme des enfants, quand nous savions notre patrie entière en deuil, et tous ceux que nous aimions exposés à des dangers que l'ignorance de leur sort rendait plus effrayants encore?

Était-ce insensibilité? Je ne le pense pas; les souffrances de Charnod, la mort d'Odon, celles de Deschênes, de Coutable, de Fouquet, nous avaient sincèrement affligés, et toutes les nouvelles de mort qui nous arrivaient sans cesse, nous attristaient pendant quelques heures; mais le cercueil enlevé, les rires reprenaient.

N'avions-nous pas le privilège d'une véritable grâce d'état? Quelque chose comme la prolongation, dans l'ordre moral, de ce singulier phénomène physique par lequel les plus frileux d'entre nous, moi, par exemple, qui ne saurais me séparer de mon édredon, même en juillet, en étaient arrivés à coucher impunément dans un sillon, par la pluie, la neige ou la gelée, sans même s'enrhumer du cerveau?

Je constate le fait sans chercher à l'expliquer, tout en laissant mes lecteurs libres de traiter de sans-cœur les blessés convalescents dont la vie d'ambulance ne fut plus qu'un long éclat de rire depuis l'arrivée de Julien.

Il venait nous chercher pour nous emmener à l'ambulance établie chez ses parents, près de Vendôme. Les Prussiens le permettraient-ils? C'était douteux. Peut-être ils nous demanderaient notre parole de ne plus servir pendant la guerre, et sans hésiter, nous décidâmes que nous refuserions, préférant courir même les chances d'une dure captivité en Prusse, pour rester libres de profiter de la première occasion de nous évader et rejoindre notre régiment, dès que nous serions en état de faire campagne. En tous cas, Julien devait aller le lendemain demander à tout hasard l'autorisation de nous emmener à la commandature prussienne, établie à Toury.

En attendant, il nous raconta l'odyssée de son voyage de Loigny à Vendôme. En quittant le village, il avait reçu une seconde blessure, au pied. Puis, il s'était trouvé dans la cour du château de Villepion, où il avait vu jaillir, d'un obus éclatant près de lui, une fiole pleine de pétrole enflammé qu'il était parvenu à éteindre avec du fumier, auprès duquel agonisait mon pauvre Rambourg. Aidé par des moblots, et grimpé sur la flèche d'un canon, il était parvenu à une ligne de chemin de fer, où il était resté seul. Au bout de quelque temps, il avait vu un train arrivant à toute vapeur; alors, debout au milieu de la voie, il avait fait avec son képi des signaux de détresse, et le mécanicien, croyant sans doute, la voie coupée, avait arrêté le train, juste le temps de laisser grimper Julien, qui, installé sur le tender, lui dit, pour toute explication : « Marchez ! »

C'était le train dans lequel Gambetta fuyait bravement Orléans menacé. Il était ainsi arrivé à Blois, d'où une voiture quelconque l'avait enfin amené à Vendôme, chez lui. Il y avait gardé le plus strict incognito, cachant soigneusement sa qualité d'officier, ce qui lui avait permis de circuler librement, aussitôt son pied guéri, et de venir à Janville avec un laisser-passer prussien régulier. Sa blessure au bras n'était pas encore fermée, mais en bonne voie de guérison.

Le lendemain de bonne heure il partit pour Toury, et en revint, le soir, avec un refus formel de nous laisser changer d'ambulance. Nous étions donc bien et dûment internés à Janville.

Ce refus, prévu, n'eut pas le pouvoir de nous attrister longtemps. Julien déclara vouloir rester avec nous, prisonnier volontaire, et la mélancolie était difficile, près de lui. Il prit possession du lit abandonné par le pauvre Coutable, et la chère petite sœur se mit de suite à panser son bras comme s'il eût fait partie de l'ambulance depuis le 2 décembre.

Raoul et Gaston avaient hérité de ma béquille; une canne me suffisait maintenant, et
quand la sœur me le permettait, je sortais un
peu avec le docteur Lebel. Mais elle était parfois bien sévère, la chère petite sœur!

« Quelle heure est-il donc? Combien de temps
vous avais-je permis de rester dehors, monsieur
de *Malicoul?* Couchez-vous tout de suite! » me
disait-elle sèchement quand j'étais un peu en
retard. Jamais elle ne parvint à prononcer les
deux *r* de mon nom.

Du reste, je n'aimais pas beaucoup à errer
dans les rues, où je rencontrais à chaque instant des Allemands, toujours très respectueux
pour mon pauvre uniforme, singulièrement
défraîchi par quatre mois de campagne, et
amputé d'une jambe! Je craignais que quelque grincheux ne me reconnût bon pour l'ex-
portation en Prusse.

J'acceptai donc avec reconnaissance les vêtements civils qu'un habitant de Janville m'offrit de me prêter. Mais à ma grande surprise,
j'étais autant salué en civil qu'en tenue!

M. Clichy, conseiller général, maire et vété-
rinaire de Janville, me montrait un jour un
magnifique cheval blessé d'un coup de feu,

que le prince Albert lui avait laissé en dépôt,
et il m'expliquait en riant qu'il ne le guérirait
qu'après la guerre, pour le garder en paye-
ment de ses soins.

Une ordonnance du prince le tenait par la
bride, attentif à mes moindres gestes, empressé
à deviner mes désirs avant même que je pusse
les exprimer.

Quelques cavaliers nous entouraient, immobiles comme des statues et à la position réglementaire. L'un d'eux, quand je fus éloigné,
s'approcha de M. Clichy et lui demanda en
me désignant : « Qui, cet officier prussien ? »
M. Clichy l'assura que j'étais un bon bourgeois
de Janville, et l'autre eut ce rire silencieux
qui signifie dans toutes les langues : « farceur
va ! »

Mes lunettes et la toque d'astrakan que Gaston me prêtait pour sortir me donnaient-elles
vraiment l'air si allemand que cela? Il faut
le croire, mais j'en fus mortifié au point de ne
presque plus sortir du tout.

Je n'ai, certes, jamais partagé les haines in-
justes, aveugles et idiotes par lesquelles tant de
mes compatriotes pensaient laver leur défaite;
j'ai toujours cru qu'à leur point de vue, les

Allemands avaient eu grandement raison de nous
vaincre, comme au nôtre, nous avions eu grandement tort de nous laisser vaincre; je n'ai
jamais ajouté une foi très vive aux mille récits
de cette époque et des années suivantes, dans
lesquels le plus chétif citoyen se vantait toujours d'avoir « f...u son poing sur la g..... »
(qu'on me pardonne cette phrase, je l'ai si souvent entendue!) d'au moins trois géants prussiens terrifiés; j'ai eu la profonde douleur de
voir nos vainqueurs très fiers, très arrogants,
souvent très dignes, et la douleur plus profonde encore de voir quelques vaincus très hum-
bles, très serviles, très plats devant eux; je n'ai
jamais clairement compris qu'il fût indispen-
sable à la dignité de la France que la nation qui
l'avait vaincue, sa dure maîtresse du moment,
fût traînée dans la boue, ni que la dignité de nos
armes exigeât la lâcheté et l'abjection de l'armée
devant laquelle la nôtre avait trop souvent plié.
Néanmoins, c'était un air singulièrement patriotique que nous respirions en notre ambulance! Nous étions fiers d'avoir tous déjà versé
notre sang pour la France, et il était un mot
qui revenait sans cesse dans nos folles causeries, une espérance qui rayonnait dans nos

tristesses, une pensée sur laquelle nous nous endormions le soir et qui nous saluait au matin : la revanche!

Vaincu d'hier, j'étais humilié d'être pris pour un des leurs par ceux que j'espérais devoir être les vaincus du lendemain. J'acceptais comme un juste hommage les saluts qu'ils adressaient à mon uniforme lacéré par leurs projectiles, mais il m'était odieux d'être salué comme un de leurs officiers déguisé.

Je fis peu à peu connaissance avec la plupart de nos camarades de captivité des autres ambulances. Dans la grande salle de l'hospice, chez les sœurs, je retrouvai deux de nos compagnons du presbytère de Loigny, le vieux chasseur à pied, à peu près guéri et devenu le loustic de la chambrée, et le caporal marseillais qui nous avait fait la cuisine. Ce dernier faisait de folles dépenses à Janville, et passait pour très riche; il se promenait en irréprochable tenue de *crevé* (c'était alors le mot), veston très court, col très grand, chapeau très petit, stick entre les lèvres et air précieux. Comment diable avait-il tant d'argent? Nous eussions été, quant à nous, bien embarrassés de nous procurer vingt sous en plus de ce que

dessous; j'étais naturellement en bourgeois, Bastien en blouse bleue. Son obésité me parut encore exagérée ce soir-là, et je ne pus m'empêcher de plaisanter sur les dimensions formidables de son ventre.

« Chut! me dit Bastien, pas un mot sur ma bedaine, et vous verrez! »

Un mouvement extraordinaire régnait dans les rues complètement obscures; tout le monde était dehors, mais un douloureux silence pesait sur la foule. On parlait à voix basse, comme dans l'attente d'un événement fatal. Jusqu'aux plus pauvres de cette petite ville vingt fois pillée et rançonnée, tous préparaient du pain ou des marmites. Jamais je crois n'avoir senti battre le cœur de la patrie en deuil comme en cette triste soirée où je vis le spectacle lamentable d'une colonne de prisonniers.

Le fer des chevaux retentit sur le pavé, et le bruit confus d'une troupe nombreuse marchant en désordre.

Je vis passer tous ces malheureux précédés et suivis par deux piquets de uhlans, entre deux files de fantassins, la baïonnette au canon.

Il faisait trop sombre pour distinguer leurs

traits, mais que de douleur dans la démarche chancelante, dans l'attitude affaissée de ces infortunés qui passaient silencieux sous les menaces brutales de leurs gardiens !

Trois femmes adossées au mur causaient près de nous à voix basse. Je vis soudain une ombre passer entre deux Prussiens et disparaître dans les jupes de ces femmes ; elles continuaient à causer avec un admirable sang-froid, comme si rien ne s'était passé. Toute la colonne défila, puis les derniers cavaliers allemands. « Merci, » murmura un petit sergent de chasseurs à pied se dégageant des jupons.

« Chez Bastien, le marchand de tabac, » lui dit mon brave compagnon, et nous nous éloignâmes vers une maison que Bastien connaissait bien.

Une première chambre était pleine de Prussiens fumant leurs grandes pipes de porcelaine ; un sous-officier fit quelques difficultés pour nous laisser entrer ; mais le docteur Lebel, qui nous avait rejoints, lui dit quelque chose en allemand, et nous entrâmes dans une seconde chambre où étaient assis une douzaine d'officiers français de toutes armes et de tous grades, immobiles, silencieux, comme abrutis. C'était

la plus effrayante image du découragement absolu.

Je les questionnai : ils me regardèrent d'un
air atone, égaré, et ne me dirent pas un mot.
En vain je leur dis, au risque d'être entendu de
la salle voisine et emmené avec eux, que j'é-
tais officier français prisonnier comme eux,
blessé et sans nouvelles depuis six semaines;
ils semblaient avoir perdu la compréhension
des choses en même temps que la sensibilité
physique et morale. Je dus sortir sans avoir
obtenu un mot, bénissant Dieu de m'avoir épargné de telles souffrances.

— Maintenant, à l'église! dit Bastien.

Un fort peloton d'infanterie gardait le porche,
et ne laissait entrer que ceux qui apportaient
à manger aux prisonniers.

Bastien me mit un pain sous le bras, et
m'entraîna dans l'église.

Ils étaient là six ou sept cents, exténués
de fatigue et de privations, hâves de faim,
grelottant de froid, gisant sur les dalles, sans
voix et sans mouvement, de vrais cadavres entassés dans l'obcure pénombre de l'église à
peine éclairée. Bastien, plus habitué que moi à
cet horrible spectacle, souillure indélébile à

l'honneur de l'Allemagne, m'entraînait rapidement à travers tous les groupes étendus, en murmurant à demi-voix : « Qui veut se sauver? Qui veut se sauver? »

Je crus que Bastien devenait fou, que tous allaient se ruer à la fois sur lui, réclamant la liberté. Hé bien, non! Nous parcourûmes plus de la moitié de l'église sans qu'une seule tête se fût relevée!

« Moi! » répondit enfin un sous-officier. « Suivez-moi », dit Bastien sans se retourner et il se dirigeait vers une chapelle obscure. Sitôt qu'il y fut, il enleva lestement sa blouse et la jeta au sergent, avec une casquette retirée de son ventre postiche. « Otez vite votre pantalon et sortez tout tranquillement; allez chez Bastien, le marchand de tabac. »

Je suivis du regard le sous-officier en caleçon, en blouse bleue, la casquette sur l'oreille; il sortit de l'église sans encombre.

Pendant ce temps, Bastien délivrait une seconde blouse et une seconde casquette, puis une troisième, puis une quatrième, et ainsi de suite jusqu'à huit!

Ces pelures étaient le secret de l'obésité exagérée de l'excellent Bastien. Mais, hélas!

après la huitième, il était en manches de chemise! Quelques hommes nous entouraient encore. « Mes pauvres enfants! Je vais courir après ma garde-robe qui *f... le camp* et tâcher de la rapporter, mais si je ne peux pas rentrer, bon courage! On trouve toujours à se sauver quand on le veut, et la France a encore besoin de vous! Une poignée de mains! »

Je suivais Bastien vers la porte quand soudain je l'entendis murmurer un formidable juron.

« Quoi donc? » J'étais effrayé!

« Un zouave du pape! On ne peut pourtant pas laisser aux Prussiens un soldat comme ceux-là! »

Il s'approcha du zouave pontifical : « Otez vite votre veste et votre culotte, et votre képi au diable! »

Ce fut l'affaire d'un instant, Bastien dépouillait, en même temps son gilet et lui mettait sa propre casquette sur la tête. Le zouave sortit comme les autres.

— Et de neuf! disait le brave Bastien, désormais presque tout nu, se frottant les mains autant pour se réchauffer qu'en signe de triomphe. Encore neuf d'enlevés à ces..... Ah! N. d. D. de N.. de D...!. Encore un *pape!*...

Je portais la main à mon paletot. Bastien me serra le bras dans sa large main. « Mon capitaine ! je vous le défends ! Vous jouez trop gros jeu, vous !

Le désespoir des officiers que je venais de voir me passa devant les yeux : voilà ce que risquais. J'obéis à Bastien.

Il trépignait sur place et blasphémait tout bas, le brave cœur, en regardant le zouave qui demandait la liberté.

Un grand tumulte se produisait vers la porte de l'église ; les Prussiens s'efforçaient d'en faire sortir tous les charitables distributeurs de vivres qui l'avaient envahie. Les femmes étaient en grande majorité ! Les unes protestaient bruyamment, d'autres opposaient une résistance passive : les Prussiens insistaient sans brutalité, je dois l'avouer, et riaient presque tous ; l'officier en perdait la tête. Bastien eut une inspiration de génie. « Collez-vous à moi », dit-il au zouave pontifical, et il l'entraîna au beau milieu du tumulte, près de l'officier. Deux lanternes éclairaient très imparfaitement la scène.

L'officier me voyant mieux vêtu que mes voisins vint à moi. C'était un tout jeune homme distingué et fort joli garçon, avec des cheveux blonds frisés brillant comme une auréole entre son casque et le collet fourré de sa longue capote. Il me dit très poliment, en excellent français : « Je vous en prie Monsieur, usez de votre influence pour faire évacuer l'église ; je serais désolé d'être obligé d'user de violence ».

La voix de Bastien éclata comme un tonnerre :

« Entendez-vous, vous autres ! Quand on parle poliment comme le lieutenant, faut obéir ! Allons ! f…tez-moi le camp, tous, et plus vite que ça ! »

Une huée formidable accueillit ce discours. « Tiens ! voilà Bastien prussien, à c't'heure ! Enlevez Bastien !

— Oui ! Prussien, tas de fainéants ! Et tu vas obéir, tas de femelles ! Et déguerpir, sacré tas de propres-à-rien ! »

Et Bastien, jouant des pieds, des mains et du ventre, fit une grande poussée vers la porte ; les Prussiens se tordaient de rire.

« Dehors ! dehors ! » hurlait Bastien, jetant violemment à la porte un paquet de femmes enveloppant son zouave en tenue complète, puis quelques femmes sur le tout. « Dehors ! dehors!..... Et maintenant, donnons-nous de l'air! »

J'étais confondu de tant d'audace et d'un tel succès.

Dans la rue, je serrai avec émotion les deux mains de Bastien. Il me dit simplement : « C'est comme ça toutes les fois : mais ce qui m'embête ce soir, c'est que je ne pourrai pas faire une seconde tournée avec mes huit blouses! Enfin, en voilà toujours dix de rendus au pays. Bonne nuit, capitaine, je vais aller voir mes artistes, et me chauffer un peu, car il fait tout de même b....t froid ! »

Et le digne homme partit au pas de course, en manches de chemise et tête nue par un froid polaire.

Il trouvait tout naturel de risquer journellement sa liberté et peut-être sa vie, pour délivrer des prisonniers français, et il eût été bien surpris de voir récompenser son obscur dévouement! Mais il n'en courait pas le risque.

C'est cependant à Bastien et à ses blouses que je pensai, quelques mois après, en voyant un sous-préfet de Vendôme faire donner la *médaille militaire* à un instituteur de mon pays qui lui avait prêté une blouse pour se cacher des Prussiens!

15.

Passe encore la croix, parfois si prodiguée ;
mais la médaille militaire, cette glorieuse récompense de faits de guerre, de sang versé
à l'ennemi, de vingt ans de services dévoués
sans un reproche, et que, seuls parmi les officiers, gagnaient les maréchaux de France !

Depuis ce passage de prisonniers, je ne
sortis plus guère de l'ambulance, où nous me-
nions, à nous quatre, une vie douce et gaie. Aidé
de Julien, je me remis avec ardeur à la con-
fection de mon fameux jeu d'échecs.

Un jour, l'idée me prit de visiter la maison
que nous habitions depuis si longtemps sans
la connaître ; nous grimpâmes, Pratz et moi,
jusqu'au grenier, sous la conduite de la petite
sœur. La maison, assez belle, du reste, était
très élevée, et des lucarnes du grenier on avait
une vue très étendue. Mais quelle vue !

Non ! jamais je n'aurais cru qu'un pays sorti
des mains de Dieu pût être aussi triste et laid
que la Beauce telle qu'elle m'apparut ce jour-
là !

Deux grandes teintes plates et uniformes :
le ciel, gris-noir, la terre, gris-brun, se rejoi-
gnant en une ligne d'horizon parfaitement droite
et voilà tout, absolument tout le paysage ! Et,

pour l'animer, bien loin dans la plaine, une petite colonne prussienne, marchant d'un pas lourd et allongé. Ce n'était rien, deux teintes et une troupe noire ; mais dans ce rien il y avait une tristesse immense comme l'horizon que je contemplais. Une vague angoisse me serrait le cœur et je ne pouvais détacher mes yeux de ce paysage douloureux qui, je ne sais pourquoi ni comment, me fit repasser en un instant par toutes les heures de peine de ma vie.

Je fus gaiement arraché à cette fascination par les joyeux éclats de rire de la chère petite sœur : je me retournai et aperçus la figure rébarbative et barbue du brave Pratz encadrée dans la gaze blanche et lilas d'un frais chapeau de notre hôtesse inconnue dont il venait de découvrir la garde-robe.

Tristesse noire et enfantillage, c'était bien le résumé de cette singulière période de notre vie.

Vers la fin de janvier il y eut quelques belles journées, et le temps s'adoucit assez pour que nous pussions aller tous passer quelques heures dans le jardin, même Gaston de Brisoult, qui se traînait à peine avec sa béquille et sa canne, même M. de Ferron qui, ne pouvant se relever, marchait sur ses mains et sur son séant.

Il avait acquis une telle dextérité à ce singulier exercice qu'il descendait le petit escalier très raide de sa chambre et le remontait à reculons, presque aussi vite qu'il l'eût fait avec ses jambes.

Mais l'inquiétude troublait le plaisir de nos réunions en plein air ; si nous y étions surpris par les Allemands malgré les sentinelles des sœurs ; si nous leur étions dénoncés comme guéris par quelque zélé citoyen, il faudrait bien faire connaissance avec les villes-prisons d'Allemagne dont nous avaient déjà parlé quelques évadés.

Ce n'était donc pas sans appréhension que nous voyions approcher l'heure de la guérison complète, cloués à Janville comme nous l'étions par la crainte de faire infliger une énorme imposition à la petite ville qui nous avait si bien reçus.

Mais la nouvelle d'un grand événement vint changer le cours de nos pensées : Paris avait capitulé et un armistice de vingt et un jours était signé.

Bien des nouvelles à sensation nous étaient parvenues depuis deux mois. Tantôt c'était une éclatante victoire de Chanzy qui revenait de l'Ouest vers nous, tantôt Ducrot, sorti de Paris, approchait par l'Est, ou Bourbaki, venu du Sud-Est, faisait lever le siège de Paris. D'autres fois, des francs-tireurs avaient tué Guillaume et Bismark, ou bien on avait vu passer de mystérieux cercueils couverts de drap d'or, et les Allemands, découragés, ne parlaient plus que de retour précipité vers le Rhin.

Nous étions devenus méfiants, non seulement à l'endroit des nouvelles verbales, mais encore de celles que nous apportaient de très rares et très vieux journaux. L'un d'eux ne nous avait-il pas apporté ce récit *officiel* de l'affreuse défaite de Loigny? « Le 2 décembre, un engagement a eu lieu entre notre armée de la Loire et l'armée allemande; le seizième corps (le nôtre) a éprouvé quelques pertes, mais il conserve ses positions. »

Mais aujourd'hui, plus de fanfaronnades, plus de mensonges officiels. Ces mots capitulation, armistice, sonnaient comme le glas funèbre de notre pays épuisé. C'était la fin, l'aveu définitif de notre défaite; il fallait bien se résigner à croire.

Notre robuste gaieté sortie victorieuse de tant d'épreuves ne put résister à ce dernier coup; ce fut une triste journée.

Dès le lendemain, cependant, nous reprîmes courage.

Après tout, l'armistice pouvait être suivi d'une reprise d'hostilités et cette interruption à nos défaites amènerait peut-être un revirement de fortune?

En tous cas, il nous fallait absolument profiter de cette ocasion pour quitter Janville, ce qui permettrait à ceux d'entre nous qui seraient guéris de prendre part aux prochains combats.

Quelques jours après, la nouvelle de l'armistice nous fut confirmée, et Julien partit une seconde fois pour Toury. De là on l'envoya à Orléans, d'où il rapporta enfin un laisser-passer régulier pour nous quatre et Rossignol.

Il ne s'agissait plus que d'organiser les moyens de transport. Nous trouvâmes assez facilement un cheval; toutes les voitures de la ville avaient été réquisitionnées par l'ennemi : mais ce jour même nos hôtes revinrent à Janville et ils nous prêtèrent la calèche dans laquelle ils étaient venus, bien heureux sans doute de l'accorder, pour se débarrasser de nous, à la chère petite sœur, qui s'était chargée de la négociation.

Et notre départ fut fixé au lendemain. Le bruit s'en répandit en ville, et toute la journée nous reçûmes les visites d'adieu des excellents habitants de Janville qui nous avaient témoigné tant de sympathie.

La plus fidèle de nos compagnes d'ambulance, la mort, ne devait pas non plus se laisser oublier à l'heure de notre départ. Pendant que nous nous préparions à partir pour le Vendômois, Mathurin, le pauvre soldat bas-breton du premier, amputé depuis quelques jours, préparait, lui, son départ pour l'éternité avec une foi tranquille et résignée. Quand j'allai lui faire mes adieux, il ne put que me serrer la main faiblement, en me regardant avec cette expression si douloureuse qu'ont parfois les mourants.

Le soir, la chère petite sœur nous raconta qu'elle nous avait vus, en rêve, venir tous les quatre ensemble la voir à son cher couvent de Juvisy où elle comptait bien retourner dès que les ambulances de Janville seraient vides. Nous lui promîmes formellement de réaliser un jour ce rêve, si naïvement et gentiment raconté ; nous l'espérions, et nous l'aurions fait ; mais Dieu en décida autrement.

Puis, elle nous souhaita le bonsoir comme d'habitude; mais sa voix était toute triste.

Quelques instants après, le docteur Lebel entra, une bouteille sous le bras : « Nous ne pouvons, cependant, pas nous quitter sans avoir trinqué ensemble! » Et il se mit aussitôt à confectionner un punch savant. Pratz descendit, suivi de près par M. de Ferron, qui, selon sa méthode, roulait dans l'escalier sur les mains et les reins. De toast en toast, le punch fut vite absorbé. Impossible de ne pas rendre au docteur sa politesse; lui-même courut chercher en ville les éléments d'un second punch. Pendant que nous le dégustions, un affreux tapage retentit dans le vestibule, et le doux Rossignol parut, échevelé, furieux, et hurlant avec rage des sons incohérents parmi lesquels je distinguai: « Mon capitaine! votre filleul! » Nous parvînmes enfin à comprendre que les soldats d'à côté fêtaient aussi le départ de notre moblot, que ce dernier s'était pris de querelle avec mon cher filleul, et qu'il avait reçu une râclée. Nos bonnes paroles, un verre de punch et la promesse d'effroyables châtiments à mon filleul, le calmèrent assez pour qu'il pût se coucher tranquillement.

Malheureusement, nous ne suivîmes pas tout de suite son exemple, et je ne saurais dire à quelle heure très nocturne nous nous séparâmes, tous fort émus, et nous prodiguant des serments d'éternelle amitié.

Et voilà comment il se fit que nous clôturâmes, le verre en main, cette étrange période de notre existence, partagée entre les souffrances physiques et morales et les éclats de rire, les enfantillages et la mort, du 6 décembre 1870 au 12 février 1871.

Le lendemain, à l'heure ordinaire, la chère petite sœur nous éveilla par son harmonieux et gentil : « Bonjour, Messieurs, » de chaque matin, et elle ajouta tristement : « La voiture est là ! »

Nos préparatifs de départ furent bientôt faits. Nous étions arrivés avec tout notre bagage dans nos poches ; nos richesses ne s'étaient accrues que de quelques pipes, quelques cannes et quelques sculptures, avec la scie et le scalpel du docteur Lebel. Le tout tenait aisément dans une petite boîte ; un casque de uhlan recueilli par Julien et dissimulé sous la banquette, notre béquille sur le siège, complétaient le chargement.

Fidèle à mes engagements envers Rossignol, je fis un sermon en quatre points à mon filleul, qui me promit d'être bon garçon; nous embrassâmes le docteur Lebel, Bastien, Pratz, de Ferron, et fîmes nos adieux à la bonne supérieure, enfin à la chère petite sœur, et nous montâmes en voiture.

« Au revoir, Messieurs! » nous dit encore la petite sœur appuyée au montant de la porte, et elle riait de son joli rire montrant toutes ses dents blanches, et de grosses larmes inondaient ses joues. Pleurions-nous aussi? Les hommes n'avouent pas ces choses-là!

Et nous partîmes au grand trot. Au détour de la rue, je me penchai vivement à la portière, juste à temps pour voir une dernière fois l'ambulance et les cornettes blanches qui rentraient.

A Dieu, chère petite sœur, et priez-le pour nous!

Encore un chapitre clos au livre de notre vie, et maintenant en route pour l'inconnu!

Que notre nombre était réduit, depuis le jour où nous étions arrivés en charrette à Janville! Combien des nôtres dormaient sous cette terre que tous, alors, nous avions saluée comme la terre promise, après nos grandes souffrances de Loigny !

Notre voiture filait vite sur les tristes routes de la Beauce, encore attristées par le récent passage de la guerre que nous rappelaient les carcasses de chevaux abandonnés le long des fossés, et la solitude des fermes que nous apercevions.

Vers onze heures, nous fîmes halte à Orgères, où nous devions déjeuner. Ce mot de déjeuner est bien prétentieux ; en vérité je ne puis me rappeler ce qu'il nous fut possible de manger, car je me souviens qu'il n'y avait là plus une poule, donc plus un œuf, plus une vache, partant ni lait, ni beurre, ni fromage. On ne peut, sans l'avoir vu, se faire idée de la tristesse d'un village sans poules ni bestiaux pour l'animer ! Nous quittâmes donc sans regret la patrie des chauffeurs et du docteur-astronome Lescarbault, laissant assez près sur notre gauche le champ de bataille de Loigny, que nous eussions bien désiré revoir.

A Varize, nous eûmes le spectacle d'une des plus étonnantes dévastations que la guerre puisse produire. Une seule maison, celle d'un notaire, se dressait intacte avec ses panon-

ceaux brillants, sur les ruines de la pauvre petite
ville couchée tout entière dans ses décombres.
Deux ou trois tourelles féodales entouraient un
petit château ; ces vieux murs eux-mêmes, d'une
épaisseur énorme, s'étaient entr'ouverts sous
l'action du feu. Pas un être vivant dans ces
ruines. Moins la grandeur, c'était Palmyre ou
Balbeck dormant dans le désert.

Vers quatre heures nous arrivâmes à Châteaudun, fin de notre étape ; car notre cheval, passablement chargé et depuis longtemps sevré
d'avoine au profit de ses collègues allemands,
était incapable d'aller plus loin.

Nous remarquâmes tout d'abord à Châteaudun les regards hostiles, presque haineux, qui
s'attachaient sur nous : des officiers, même
blessés, ne pouvaient être que des traîtres ! C'é-
tait, alors, un axiome pour une bonne moitié
de la France.

Raoul et Gaston ne pouvant encore marcher,
je sortis seul avec Julien, laissant nos amis
à l'hôtel.

La dévastation de Châteaudun n'était pas
aussi complète que celle de Varize, mais, opérée
sur un plus grand théâtre, elle avait un autre
caractère. De longues rues rappelaient exacte-

ment celles de Pompeï. Les maisons s'alignaient, sans toits; l'air et le jour circulaient librement par les ouvertures veuves de portes et de fenêtres. Les pentures, les gonds, les poutrelles de fer, tordues par le feu, dessinaient des arabesques bizarres sur tous ces vides où le regard n'apercevait que le ciel au-dessus des enseignes de boutiques. Ce qui n'était pas brûlé était brisé par les projectiles; un clocher d'église coupé à demi-hauteur par les obus se tenait encore, je ne sais par quel phénomène d'équilibre; toutes les encoignures de rues étaient émiettées par les balles.

La défense de Châteaudun dut être vraiment belle, pour exciter à ce point la rage des Allemands! La lutte acharnée, de rue à rue, était écrite en trous de balles sur tous les murs.

Que de fois mon pauvre camarade de Saint-Cyr, Lipowsky, a dû penser avec un poignant regret, qu'une de ces balles aurait pu l'ensevelir dans sa jeune gloire, et transmettre à l'avenir son nom entouré d'une auréole sans tache!

Nous dînâmes assez confortablement, à table d'hôte auprès d'une joyeuse bande d'au moins dix ou douze ambulanciers anglais.

J'avoue que je ne commençai pas l'étape du

lendemain sans une certaine émotion, grandis-
sante à chaque tour de roue.

N'ayant passé que quelques mois à Vendôme
avant la guerre, je ne connaissais pas la famille
de Saint-Venant, et ce n'est pas sans appréhension qu'on va s'asseoir pour un temps in-
déterminé à un foyer inconnu.

Mais la façon charmante dont j'avais été in-
vité à aller y achever ma guérison, au même
titre que les fils de la famille, me faisait espérer
que là chacun leur ressemblait.

Quelques instants suffirent pour me prouver la vérité de cette supposition.

Je retrouvai le cœur vaillant et dévoué des fils
chez leur père, poursuivant quelque recherche
ardue de mathématique qu'il n'avait pas inter-
rompue, même au fracas de la bataille grondant
autour de lui ; chez leur mère faisant à Dieu, sans
forfanterie, le sacrifice de ses enfants et con-
vertissant sa maison en ambulance ; chez leur
sœur aînée soignant, avec un dévouement tranquillement héroïque de fille de saint Vincent
de Paul, les blessés que son mari avait été chercher sous les projectiles qui mettaient ses vêtements en lambeaux ; chez leurs jeunes sœurs,
vaquant paisiblement et gaiement à leurs occu-

pations de jeunes filles au milieu de cette atmosphère de guerre et de mort.

C'était la maison chrétienne du devoir sous toutes ses formes, des femmes fortes selon l'Écriture, et des hommes braves.

La vie de famille à laquelle on voulut bien m'associer me parut singulièrement douce, après trois mois de campagne et les deux mois de notre existence un peu sauvage de Janville. La vie civilisée a décidément du bon! Je trouvais un charme infini à causer, le soir, comme tout le monde, à prendre nos repas à table dans la salle à manger, pourvu qu'elle ne fût pas occupée par l'autel dressé pour le service de quelque pauvre soldat mort dans le salon ou le billard, pleins de blessés, à nous promener dans le parc, quand il faisait beau. Je ne saurais oublier une excursion archéologique, que nous fîmes en voiture à un atelier de haches en silex, ni la savante fabrication d'une catapulte confectionnée avec Julien, mais qui trompa notre espoir, ni une expédition que je fis jusqu'à Vendôme, où un bon curé de mes amis faillit tomber à la renverse en me voyant, car il me croyait mort depuis le 2 décembre!

Raoul, Gaston de Brisoult et moi, nous

occupions encore la même chambre. Nous ne nous étions pas quittés depuis le presbytère de Loigny.

Un dimanche, en sortant de la messe du village, je vis le facteur me tendre un gros paquet de lettres : les premières depuis trois mois! Ce fut une des plus violentes émotions de ma vie; ces lettres, tant désirées, qu'allaient-elles m'apprendre?

Je pris celle de ma femme dont le timbre était le plus récent, et je la regardai long-temps, stupidement, sans oser l'ouvrir... Ma femme et mes enfants allaient bien! Autre lettre, de ma belle-sœur : ma mère était tou-jours à Castres, mes frères tous revenus sains et saufs auprès d'elle.

Ainsi la tempête avait passé sur ma famille sans en emporter aucun membre : j'étais même le seul blessé des miens; que Dieu soit mille fois béni! On me regardait dans cette rue de village encombrée par la sortie de la messe, je dus avaler les larmes de joie dont mon cœur dé-bordait!

Il y avait près d'un mois que nous étions à Saint-Ouen, l'armistice touchait à sa fin; nous pensions que les hostilités allaient reprendre;

j'étais assez guéri pour faire campagne : je résolus donc de partir et je le dis à Mme de Saint-Venant. Elle me répondit simplement :

« Si c'est votre devoir, Julien, qui est en état de marcher, partira avec vous. »

Nous partîmes le lendemain matin pour Vendôme, de là, en diligence pour Blois, où nous apprîmes que les Prussiens gardaient le pont, mais qu'au delà de la Loire, les chemins étaient libres. Nous convînmes, si nous étions arrêtés, de nous donner pour des pions du collège de Pontlevoy, dont nous connaissions les professeurs qui ne nous eussent pas trahis, allant chez Mme de Laulannier, tante de Julien demeurant en Sologne. Nos vêtements passablement fatigués et mes lunettes se prêtaient bien à ce personnage. Et nous nous dirigeâmes vers le pont, seul obstacle à franchir, pensions-nous.

La musique d'un régiment prussien jouait précisément en tête du pont ; nous nous mêlâmes au cercle des badauds, ce qui nous permit de passer le premier factionnaire ; puis nous allumâmes nos pipes et, tout doucement et crachant dans l'eau, nous nous dirigeâmes vers l'arche du milieu, qu'on avait fait sauter et remplacée par un plancher de madriers; là, second factionnaire, qui ne nous demanda rien.

Enfin, du côté du faubourg de Vienne, le pont était barré par une forte palanque en bois percée de meurtrières, à laquelle on travaillait activement, ce qui nous confirma dans la pensée d'une reprise très prochaine de la guerre; nous passâmes inaperçus dans la foule des ouvriers. En réalité, la surveillance du pont n'était pas bien rigoureuse.

Enfin! Nous étions sur la rive gauche de la Loire, en pays français!

La diligence de Romorantin, prête à partir, était pleine. Néanmoins nous trouvâmes à nous y caser, Julien sur la banquette près du conducteur, moi au fond de l'intérieur, derrière une grosse femme portant trois ou quatre paniers sur ses genoux. Nous partîmes. Il faisait déjà sombre quand, un peu avant d'arriver à Cheverny, la voiture s'arrêta brusquement : un nombreux détachement prussien faisait couper la route par des hommes de réquisition!

Une figure assez débonnaire, coiffée du casque à pointe, parut à la portière derrière les paniers de la bonne femme. « *Laisser-pas-*

ser? » demanda la figure. La femme, qui somnolait, s'éveilla soudain. « Encore un de ces animaux-là! s'écria-t-elle; veux-tu bien cacher ta sale gueule de Prussien! On va t'en f.... des laisser-passer! etc., etc., etc... » Le Prussien la regardait avec le plus grand calme. Quand elle eut fini, il lui dit avec un sourire tranquille et mélancolique : « Màtâme, fus êtes pas pòlie tu tu! » Il referma la portière, et nous repartîmes.

J'étais un peu de l'avis du Prussien sur ma voisine; mais, sans s'en douter, elle nous avait rendu un fier service, en absorbant l'attention du factionnaire. J'avais envie de l'en remercier lorsque nous arrivâmes à Cheverny, où elle descendait. Tandis qu'on changeait de chevaux, j'entendis la bonne femme aux paniers raconter son aventure, insultant à la fois les Prussiens, et ces c..... d'officiers, tous des traîtres, qui vendaient leurs soldats à l'ennemi. Peut-être que si elle m'avait reconnu pour un de ces c.....-là, elle m'eût bien vendu pour un thaler aux Prussiens, par patriotique représaille? J'économisai mon remerciement.

Deux heures après, nous arrivions à Romorantin et en descendant de voiture, nous voyions un troupier français, non pas un blessé, dépenaillé, désarmé et prisonnier, mais un vrai soldat, sac au dos et fusil à l'épaule!...

Le lendemain matin, à la mairie, on nous dit que l'officier de place le plus rapproché était à Vierzon. En route donc pour Vierzon. A la gare, je vis une figure que j'avais rencontrée quelque part, pérorant, racontant bruyamment ses hauts faits, ses combats, ses victoires.

Était-ce un général? Non; en le regardant mieux, je reconnus le boucher qui nous distribuait la viande au camp de Saint-Péravy!

A Vierzon nous trouvâmes un brave capitaine, long, maigre, moustaches énormes, képi accroché à une oreille, bavard comme une laveuse, crâne comme un infirmier. Longtemps il nous parla sans savoir qui nous étions ni ce que nous voulions. Quand, en reprenant haleine, il apprit qu'officiers français évadés des ambulances, nous voulions rejoindre notre régiment, il se gratta l'oreille. « Du diable si je sais où il peut être! Le 16ᵉ corps doit être en Limousin? Du reste, cherchez-le vous-mêmes où vous voudrez; voilà un permis de circulation gratuite sur toutes les lignes de France! » Et il nous remit un papier avec lequel nous partîmes.

L'armistice finissait le surlendemain, nous n'avions, hélas! plus le temps de profiter de cette aubaine inespérée pour faire *à l'œil* un tour de France! Et nous partîmes pour Limoges.

En route, un monsieur eut la bonté de nous apprendre que tous les officiers sans exception étaient des traîtres (c'était, pour le moment, la marotte du peuple le plus intelgent du monde) et que ceux qui avaient marché y étaient forcés par leurs hommes qui leur envoyaient des balles dans le dos. C'était un jeune et vigoureux gaillard; nous lui demandâmes s'il avait pris les armes? Il haussa les épaules avec dédain; nous lui dîmes qui nous étions, et craignant, sans doute, de recevoir dans le dos autre chose que des balles, il se tint coi. Un peu plus loin, on chargea dans le wagon un vieux capitaine de mobilisés, corps trop souvent confondu avec les mobiles dans les souvenirs du temps; il était en tenue et ivre-mort : un de ses hommes, monté avec lui pour le soigner, lui faisait téter de l'eau-de-vie dans un biberon.

Dégoûtés, nous changeâmes de wagon. L'enthousiasme du retour en pays français s'étei-

gnait vite ; il nous tardait de rejoindre le régiment, de retrouver, avec la véritable armée,
l'âme vaillante de la patrie.

A Limoges, on nous dit que le 16° corps
était en Poitou, et le lendemain nous partîmes
pour Poitiers.

La ville offrait un singulier spectacle, occupée qu'elle était par des francs-tireurs aux
plumages les plus variés. Il y en avait en noir
et blanc, en jaune et vert, en gris et rose, en
bleu et lilas, en rouge et marron, en crème
et puce, etc., etc., etc.; coiffés de képis, de bé-
rets, de bonnets, de chéchias, de sombreros,
de toques, de casquettes, se promenant gravement, sans rire, bien convaincus de l'utilité
de leur mission. Nous nous disions, avec Julien :
Ces gens-là ne sont pourtant pas ce que leurs
vêtements tendraient à prouver? Beaucoup d'entre eux se feraient noblement tuer comme nous
l'avons vu des francs-tireurs de Bordeaux (vert et
gris) à Varize, et de ceux de Tours et Blidah
(noirs et gris) à Loigny. C'est pourtant l'attrait
de ces costumes de clowns qui les a empêchés
de s'engager tout simplement dans l'armée !
Quelle singulière analogie entre l'homme civilisé animé d'un généreux dévouement pour

son pays et le roitelet nègre idiot qui se croit superbe affublé d'un vieux gilet de cocher et d'un chapeau de général!

A force de courir de la place à l'intendance, de l'intendance à la division, de la division à la gendarmerie, réclamant notre régiment à tous les échos, nous finîmes par apprendre qu'il était à Châtelleraut ou aux environs.

Et nous partîmes pour Châtelleraut. Il était temps d'arriver à notre corps, que nous cherchions depuis trois jours : l'armistice finissait ce jour-là même. Nous n'apprîmes sa prolongation qu'à la gare de Châtelleraut, où nous eûmes la chance de trouver un Vendômois, M. Le Huppe, employé à l'intendance, qui nous emmena déjeuner, nous promettant de nous conduire ensuite à Saint-Genest où était notre régiment.

Comme nous en approchions rapidement dans la voiture découverte bien attelée de M. Le Huppe, je vis de loin, sur la route, un groupe d'une dizaine d'hommes flânant en désœuvrés. C'étaient des moblots, des nôtres même; car quelques-uns portaient encore le légendaire képi de toile blanche, que la plupart avaient échangé contre des képis de l'infanterie. Le cœur me battait : il me semblait, reconnaître quelques figures du groupe : mais, avant que nous l'eussions atteint, ces figures s'en étaient détachées, et une bonne grosse voix tendre s'écria, avec une intonation joyeuse et émue que je n'oublierai jamais :

« C'est not' capitaine ! »

Il est d'heureux instants dans la vie : celui-là fut des meilleurs, d'autant meilleur qu'il fut plus court.

Je sautai à bas de la voiture. « Oui, c'est moi, mes bons et chers amis, mes vaillants gars ! Je reviens avec vous pour ne plus vous quitter tant que la guerre durera, à moins que je ne tombe de nouveau au milieu de vous ! »

Mon retour fut vite connu partout ; mes anciens moblots accouraient de tous les coins de l'horizon en s'écriant gaiement : « Nous avons notre capitaine ! on va refaire la vieille compagnie ! »

Car, premier chagrin, ma pauvre compagnie, brisée par le feu, réduite au tiers de son effectif, sans officiers et portant le n° 8, dernier du bataillon, avait été dispersée, ainsi que la 7ᵉ, celle des Saint-Venant, entre les six premières.

Second chagrin : je ne trouvai presque que

des figures nouvelles parmi les officiers. Plus des trois quarts de mes camarades de la formation avaient été semés dans les ambulances ou les cimetières des treize champs de bataille où le régiment avait donné; on les avait remplacés comme on avait pu. De notre bataillon même il restait *deux* officiers!

Troisième chagrin : je reçus de tous les officiers, à deux ou trois exceptions près, un accueil plus que glacial, presque hostile; non pas seulement des nouveaux promus, mais encore de camarades, vers lesquels je m'avançais la main tendue et le cœur dilaté. Pourquoi? J'en eus l'explication le soir, en dînant à la pension. Du commencement à la fin du repas, il ne fut absolument question que de listes de propositions pour la croix, qu'on était en train de préparer. Ce fut un trait de lumière! Ma position d'ancien officier, de volontaire dans la mobile, de plus ancien capitaine du bataillon dès avant Loigny, la part prise par ma compagnie à l'attaque de Faverolles, mes prisonniers, ma blessure, ma facile évasion même, et mon retour au régiment, faisaient de moi un candidat sérieux; je n'étais plus un camarade, mais un concurrent!

Et pourtant, je puis l'affirmer en toute sincérité, jamais, jusqu'à ce jour, l'idée ne m'était
venue que je pusse être décoré, même qu'on
songeât à donner des croix à la suite de toutes
nos défaites. Un jour que j'étais seul avec le
colonel, à la seconde ambulance, un peu avant
la mort du pauvre Charnod, il m'avait dit qu'il
comptait proposer pour la croix trois officiers
du régiment, et que j'étais l'un des trois. Cela
m'avait enchanté mais paru si original que je
n'y avais plus songé, et jamais il n'en avait
été question avec mes camarades.

Non pas, certes, que je n'eusse pas d'ambition
tout comme un autre! J'en avais au contraire
beaucoup, jusqu'à rêver que la guerre continuant
on prendrait dans la mobile des volontaires qu'on
fondrait avec la ligne, comme on avait fait
jadis, des légions de 92, et que je rentrerais
dans l'armée, fût-ce avec mon ancien grade
de sous-lieutenant, dans lequel je saurais bien
ne pas croupir longtemps, face à l'ennemi!
Mais être décoré pour avoir fait simplement
mon devoir et pour une blessure reçue dans
une défaite? Allons donc! J'avais, alors, une
plus haute idée que cela, de la croix de soldat!

Quand j'eus, à Saint-Genest, la douloureuse stupéfaction d'entendre les titres, parfois bien singuliers, que chacun prétendait avoir à cette croix, quand je vis quelques-uns de mes très braves camarades entraînés par cet exemple, quand je reconnus ce qu'une ambition vaniteuse, mesquine et d'autant plus âpre qu'elle était, en général, moins justifiée, avait fait de ce régiment si vaillant au feu, je fus pris d'un immense dégoût de l'humanité, d'une amère tristesse, d'un regret poignant d'être revenu là perdre mes illusions, au lieu d'aller demander du service aux zouaves de Charette, ou dans un régiment de marche quelconque.

Le chef de bataillon commandant alors le régiment me gardait une furieuse rancune depuis le 1ᵉʳ décembre, de ce qu'à Faverolles, sur l'ordre formel du général de brigade, j'avais occupé avec ma compagnie et mes prisonniers une ferme où il avait espéré coucher.

Il me fit sentir durement que j'aurais aussi bien fait de ne pas revenir, en donnant, ce soir-là même, le commandement par intérim du bataillon à un capitaine du 1ᵉʳ, moins ancien que moi. Je fus lui déclarer respectueusement que je ne céderais à personne mon droit établi par le règlement. Il modifia la décision, et m'en voulut plus que jamais.

J'étais arrivé à Saint-Genest jeune, plein d'enthousiasme, de confiance et d'expansion; en quelques jours je perdis ces dons précieux qu'on ne retrouve jamais; j'étais moralement vieilli de dix ans, bachelier ès science de la vie; et cette science, brusquement révélée, me parut bien autrement lourde à porter que toutes les souffrances de la guerre! C'est alors que je sentis tout le prix d'amitiés comme celles de Julien de Saint-Venant, de Paul de Gallard et de quelques autres, et de l'affection, reconnaissante et dévouée que ne cessaient de me témoigner mes chers moblots.

Chaque fois qu'ils le pouvaient, ils quittaient leurs nouvelles compagnies pour se grouper autour de moi, et me racontaient leurs souffrances et leurs combats, pendant les trois mois que j'avais passés à l'ambulance; ils me disaient comment étaient tombés Guibert, Cousin, et tant d'autres; et toujours le même refrain terminait ces causeries qui étaient mes bons moments de Saint-Genest : Quand donc va-t-on refaire la vieille compagnie? Mais hélas! qu'elle eût été petite, la pauvre compagnie réduite à une cinquantaine d'hommes restés de deux cent quinze!

Nous avions reçu des billets de logement en arrivant.

Mon hôte, M. Brayer, était un de ces êtres extraordinaires dont le seul bonheur ici-bas consiste à faire plaisir aux autres. J'eus, naturellement, la plus jolie chambre de la maison, et mon ordonnance, Louis Brèche, que j'avais eu le bonheur de retrouver sain et sauf, ne put plus arriver jusqu'à moi, malgré toutes mes protestations, qu'à travers trois ou quatre verres de l'excellent cru du pays, dont il était très friand.

N'avait-il pas découvert aussi, ce cher M. Brayer, un petit judas par lequel, à la brune, il passait avec un tuyau le meilleur de son vin à nos hommes à la salle de police? Et nos moblots punis buvaient paisiblement cette manne précieuse sans s'inquiéter de la nuée qui la distillait!

Je ne découvris cette pratique que la veille de notre départ, et j'en grondai doucement mon cher hôte. « Que voulez-vous? me disait-il en riant; ça nous fait tant de peine, à ma femme et moi, de voir punir ces pauvres enfants qui se sont si bien battus pour nous! » Que répondre à cela?

Le lendemain de mon arrivée, vers neuf heures, étonné de ne pas voir Julien, qui connaisait mon logement, je me mis à sa recherche, et j'arrivai dans une grande chambre de ferme, où cinq ou six femmes et jeunes filles s'occupaient à une lessive. Je demandais mon ami, quand sa voix m'appela vers un lit monumental occupant un coin de la chambre. « Êtes-vous donc malade? — Pas le moins du monde, mais comment diable voulez-vous que je me lève au milieu de toutes ces dames qui entourent mon lit depuis cinq heures du matin! Et ma pudeur?... »

Je donnai à Julien ses effets et fermai ses rideaux; quand il fut prêt, nous allâmes en riant raconter cette aventure à mon hôte. « Mais venez donc avec moi! s'écria-t-il; j'ai justement une chambre vide communiquant avec celle du capitaine! »

Le déménagement fut bientôt fait, puis nous nous occupâmes de nous procurer quelque chose ressemblant à des tenues; ce qui ne fut pas facile.

Peu à peu, plusieurs de nos camarades revinrent des ambulances, entre autres notre excellent ami Geoffroy de Beaucorps et le commandant de Terras. Ce dernier reprenant le commandement du bataillon, je n'eus absolument plus rien à faire. J'en profitai pour visiter avec mes amis les environs, qui étaient charmants et remplis de ruines les plus pittoresques.

Partout nous recevions l'accueil le plus affectueux et cordial de la part des paysans; nous ne savions comment refuser les invitations à aller goûter leur vin, que tous nous adressaient, jusqu'aux plus pauvres. Les braves gens! Quelle différence avec ce que nous avions vu en Beauce!

Le soir, Terras, Gallard, Geoffroy de Beaucorps, Roger de Fougères, venaient nous trouver, Julien et moi, dans notre logement; nous fumions, nous devisions, et le temps passait tout doucement dans l'attente des événements.

Le repos avait fait du bien à notre armée; elle n'avait plus l'air débraillé de jadis, les hommes manœuvraient bien, les soldats de toutes armes saluaient les officiers; peut-être si la guerre reprenait, la fortune nous serait-elle plus favorable?

Nous étions à Saint-Genest depuis trois semaines, à peu près, quand survint un douloureux événement. Un mobile fut pris volant un lapin, et traduit en cour martiale. Elle était présidée par le commandant qui m'en voulait tant; homme de cœur, pourtant, et brave soldat. Je le vis sortir très pâle du tribunal; le délit était flagrant, la loi formelle : le pauvre mobile devait être fusillé le lendemain matin. C'était le premier du régiment qui dût mourir de cette horrible mort. Nous étions tous fort émus, le soir, au dîner, quand une grande nouvelle nous arriva : la paix était signée.

Dieu merci, il n'y eut personne dans notre régiment, pour acclamer cette paix douloureuse qui rançonnait, démembrait et humiliait la patrie.

Un homme, cependant, en profita. Au reçu de la nouvelle, le commandant monta à cheval et partit au galop pour Châtelleraut d'où il télégraphia à Bordeaux. La cour martiale instituée pour la guerre avait siégé après la signature de la paix; que faire du condamné?

Quelques heures après, le commandant revenait satisfait, et le lendemain le pauvre moblot, au lieu d'être fusillé, entrait en prison pour quelques jours.

Raoul de Saint-Venant revint aussi, voulant

assister au licenciement du régiment qu'il avait contribué à former. Le pauvre ami était loin d'être guéri, le voyage l'avait fatigué; la fièvre le prit presque en arrivant, et mon excellent hôte lui fit dresser un lit chez nous.

Puis vint l'ordre d'aller à Lencloitre, à quelques lieues de Saint-Genest; enfin celui d'aller déposer nos armes à Châtelleraut et de partir pour Blois.

Le vieil anathème : « Malheur aux vaincus! » pesait de tout son poids sur notre pauvre régiment, pendant que les mobiles, mornes et tristes, venaient un à un déposer, comme pour une capitulation, ces fusils dont ils s'étaient tant de fois si noblement servis.

Pourquoi cette humiliation inutile? Ne méritions-nous pas, par tant de sang versé, l'honneur de rentrer en armes dans notre chef-lieu, comme nous marchions à l'ennemi, chaque compagnie derrière son petit guidon lacéré par les combats?

Les Saint-Venant et moi n'ayant plus de commandement, nous partîmes en chemin de fer. Julien se hâta d'emmener de Blois chez lui le pauvre Raoul, de plus en plus souffrant.

Je voulais revoir une fois encore mes moblots

réunis, et je les attendis. Trois jours après, je leur fis mes adieux sur ce quai de la Loire, que nous avions parcouru avec tant d'enthousiasme huit mois auparavant, en revenant d'Onzain.

« Au revoir, capitaine! » me crièrent-ils, quand les rangs furent rompus. « Une autre fois nous serons plus heureux! »

Et après des poignées de main où nous mîmes tout notre cœur, ils se dispersèrent pour rentrer isolément chez eux.

Tout était fini. Finie, la guerre; fini, le régiment; finies, mes espérances de revanche!.. Je n'avais plus qu'à rejoindre les miens.

En passant par Vendôme, je voulus serrer la main de mes amis. Gaston, toujours boiteux, avait été emmené en Bretagne par sa mère. Quant au pauvre Raoul, il était très mal, on en était fort inquiet : accablé par la fièvre et un long délire, il venait de s'assoupir quand j'arrivai, et je ne pus même le voir.

Je partis pour Rouen, chercher ma femme et mes enfants.

Pendant ce temps la pluie de décorations commençait à tomber, pour durer longtemps encore.

On décora à peu près tous les officiers de notre

régiment, ceux de la formation surtout, pour des blessures reçues, pour des blessures invisibles, pour des blessures qu'on aurait pu recevoir, pour des services antérieurs réels, pour des années de service imaginaires, pour conduite au feu, pour consoler ceux qui n'y avaient pas été ; pour s'être abrité à l'ambulance pendant l'action et s'être rendu aux Allemands après, pour récompenser la probité d'officiers payeurs intègres, pour encourager le savoir-faire d'un monsieur qui, disparu au premier coup de canon, s'était occupé fructueusement d'un petit commerce de chevaux cueillis derrière l'armée ; on décora ceux qui pleuraient pour avoir la croix, ceux qui grognaient de la voir aux autres ; on donna même dans le tas, un grand nombre de décorations qui avaient été noblement gagnées.

Mais, à l'exception de notre ami Julien de Saint-Venant qui n'avait fait qu'y passer, l'ambulance de Janville fut absolument oubliée, et, après en avoir un moment souffert comme on souffre d'une injustice quand on est très jeune, plus que de nos blessures très authentiques, celles-là, nous nous en sommes promptement consolés par notre estime réciproque, sachant fort bien ce que nous valons les uns et les autres.

Par une belle nuit de la fin d'avril, la voiture qui me ramenait au foyer avec ma famille entrait dans nos bois. Je reconnus dans un rayon de lune, un buisson d'aubépine tout en fleurs. Le jour de mon départ, huit mois auparavant, en me retournant au détour du chemin, j'avais aperçu ma femme et ma petite fille arrêtées près de ce buisson.

Que d'événements depuis ce jour où j'étais parti reprendre les armes pour mon pays alors si grand et si fort!

La vue de ce buisson du départ me serra le cœur... Mais le désastre de la patrie n'avait coûté la vie à aucun des miens, et une douleur lancinante à la jambe me criait : « Tu as fait tout ton devoir. Que la volonté de Dieu soit faite! »

FIN.

TYPOGRAPHIE FIRMIN-DIDOT ET Cie. — MESNIL (EURE).

9 782019 945855